Sigue en la próxima página

Che Guevara habla a la juventud
(2000)

Haciendo historia
Entrevistas con cuatro generales cubanos (1999)

Pombo: A Man of Che's *guerrilla*
por Harry Villegas (1997)

Junto a Che Guevara
por Harry Villegas (1997)

Episodes of the Cuban Revolutionary War, 1956–58
por Ernesto Che Guevara (1996)

The Bolivian Diary of Ernesto Che Guevara
(1994)

To Speak the Truth
por Fidel Castro y Ernesto Che Guevara (1992)

¡Qué lejos hemos llegado los esclavos!
por Nelson Mandela y Fidel Castro (1991)

¡EE.UU. fuera del Oriente Medio!
por Fidel Castro y Ricardo Alarcón (1990)

In Defense of Socialism
por Fidel Castro (1989)

Che Guevara: Economía y política en la transición al socialismo
por Carlos Tablada (1989)

CUBA Y ANGOLA

Cuba y Angola

Luchando por la libertad de África y la nuestra

FIDEL CASTRO

RAÚL CASTRO

NELSON MANDELA

**Los CINCO CUBANOS en Angola:
en sus propias palabras**

*Incluye relatos de cuatro generales de
las Fuerzas Armadas Revolucionarias de Cuba*

Armando Choy *ഇ* **Gustavo Chui**
Moisés Sío Wong *ഇ* **Luis Alfonso Zayas**

y también

Gabriel García Márquez *sobre* Operación Carlota

PATHFINDER
Nueva York Londres Montreal Sydney

Editado por Mary-Alice Waters
Copyright © 2013 por Pathfinder Press
Todos los derechos reservados. All rights reserved.

ISBN 978-1-60488-047-2
Número de Control de la Biblioteca del Congreso
(Library of Congress Control Number) 2012956386
Impreso y hecho en Estados Unidos de América
Manufactured in the United States of America
Segunda impresión, 2013

Diseño de la portada: Toni Gorton
Fotos de la portada: Desde el centro, en el sentido de las
manecillas del reloj: Combatientes cubanos y angolanos
con tanque sudafricano capturado en batalla, Cuito
Cuanavale, 1988 • Celebran día de la independencia,
Luanda, Angola, noviembre de 1975 • Nelson Mandela
y Fidel Castro en acto en Matanzas, Cuba, julio de
1991 • Gerardo Hernández (atrás a la derecha), uno de
los cinco revolucionarios cubanos presos en Estados
Unidos bajo cargos amañados, con combatientes cubanos
y angolanos de su unidad de exploración, durante misión
internacionalista en Angola, 1989–90 • Estudiantes
angolanos con instructora cubana en escuela de
enfermería del hospital de Luanda, 1976 • Una de las
unidades cubanas responsables del mantenimiento de
los cazas MiG que expulsaron a los aviones sudafricanos
de los cielos en el sur de Angola, 1988.

Pathfinder
www.pathfinderpress.com
E-mail: pathfinder@pathfinderpress.com

Tabla de materias

Introducción

Mary-Alice Waters

Los internacionalistas cubanos hicieron una contribución a la independencia, la libertad y la justicia en África que no tiene paralelo, por los principios y el desinterés que la caracterizan.

NELSON MANDELA
Matanzas, Cuba, julio de 1991

En los nuevos e inesperados desafíos, siempre podremos evocar la epopeya de Angola con gratitud, porque sin Angola no seríamos tan fuertes como somos hoy.

RAÚL CASTRO
La Habana, Cuba, mayo de 1991

Entre 1975 y 1991, unos 425 mil cubanos prestaron servicio como voluntarios en Angola en respuesta a la solicitud del gobierno de ese país, que recién había conquistado su libertad de Portugal después de casi cinco siglos de brutal explotación y dominio colonial. La misión: ayudar a defender a Angola frente a lo que resultó ser 13 años de agresiones militares, incluidas dos invasiones de mayor alcance, de las fuerzas armadas del régimen sudafricano del apartheid y sus aliados africanos e imperialistas.

Lo que estaba en juego era enorme.

En abril de 1974, la dictadura fascista en Portugal, en el poder por cinco décadas y profundamente caduca, fue derrocada en un golpe militar que desató un poderoso ascenso revolucionario de trabajadores y agricultores portugueses. Se estremeció la confianza de las clases gobernantes capitalistas en Europa.

En abril de 1975, el imperialismo norteamericano fue literalmente expulsado de Indochina. El mundo entero observó —con júbilo o con horror, según su perspectiva de clase— cómo los helicópteros se apresuraban a rescatar a miles de desesperados funcionarios norteamericanos y sus lacayos vietnamitas del techo de la embajada de Washington en lo que se acababa de convertir en Ciudad Ho Chi Minh.

Se venían profundizando las luchas antiimperialistas de carácter más y más popular en Irán, Granada, Nicaragua y otros países de Centroamérica.

La necesidad de no perder el control de África austral iba subiendo en el orden de prioridades de las potencias imperialistas. Por muchos años habían maniobrado para rescatar lo que fuera posible mientras se derrumbaba el imperio portugués. Al acercarse el día de la independencia de Angola en noviembre de 1975, aceleraron sus intentos de instalar lo que esperaban sería un régimen títere sumiso en el más grande y más rico de los antiguos territorios africanos de Portugal. Para Pretoria —alentada y abastecida solapadamente por Washington— estaba en el tapete el futuro de toda África austral, incluso la supervivencia del propio régimen del apartheid.

La primera invasión de envergadura de Angola por las tropas sudafricanas empezó en octubre de 1975 cuando columnas blindadas cruzaron la frontera desde lo que era de hecho su colonia de África Sudoccidental (Namibia) y se extendieron hacia el norte. Simultáneamente, una ofensiva militar se desplazó hacia el sur desde Zaire (Congo). La dictadura proimperialista de Mobutu en ese país esperaba anexar a Cabinda, provincia angolana rica en petróleo, y tomarse cualquier otro territorio que pudiera. El objetivo era ocupar la capital, Luanda, antes del 11 de noviembre para impedir la instalación de un gobierno encabezado por el Movimiento Popular de Liberación de Angola (MPLA), el más fuerte de los movimientos independentistas y el que gozaba de la base popular más amplia.

Solo la intervención de última hora de unos 650

voluntarios internacionalistas cubanos, en respuesta a la urgente solicitud de ayuda del gobierno provisional de Angola, impidió que se realizaran los objetivos sudafricanos. Menos de cinco meses después, con 36 mil voluntarios cubanos ya en el terreno, las fuerzas militares del régimen sudafricano del apartheid y de la dictadura zairense habían sido expulsadas de Angola. Pero aún no se habían dado por vencidos.

A esto le siguió más de una década de lo que eufemísticamente se denominó una "guerra de baja intensidad" contra el gobierno angolano. Después, a fines de 1987, tropas sudafricanas comenzaron su segunda invasión de envergadura, que culminó con la aplastante derrota de las fuerzas militares de Pretoria en marzo de 1988 en la ahora célebre batalla de Cuito Cuanavale.

Como dijera Nelson Mandela, dirigente de la lucha sudafricana contra el apartheid, ante el mundo tres años más tarde, "¡Cuito Cuanavale marca un hito en la historia de la lucha por la liberación de África austral… es un punto álgido en la lucha por librar al continente y a nuestro país del azote del apartheid!"

Esa victoria decisiva no solo aseguró la soberanía de Angola. También le permitió al pueblo de Namibia lograr su independencia del dominio del apartheid sudafricano y dio un poderoso impulso a la creciente lucha revolucionaria de masas contra el dominio supremacista blanco en Sudáfrica misma. Menos de dos años después de la victoria en Cuito Cuanavale, Nelson Mandela, preso por más de 27 años, estaba en libertad. Cuatro años más tarde, el régimen del apartheid ya había desaparecido, y Nelson Mandela era presidente de Sudáfrica.

En las páginas a continuación, esta historia la narran quienes la vivieron y la hicieron.

No obstante, la contribución que hicieron centenares de miles de cubanos internacionalistas, tanto militares como civiles, a las luchas independentistas en África austral no era un "favor" a otros. También estaba en juego la Revolución Cubana, la fuerza de su núcleo proletario. Como dijo Raúl Castro, ministro de las Fuerzas Armadas Revolucionarias, al pueblo cubano en mayo de 1991 cuando recibía al último contingente de vo-

luntarios que regresaba a casa, "Si nuestro pueblo se conoce mejor a sí mismo, si conocemos mucho mejor de qué somos capaces todos nosotros, los veteranos y los pinos nuevos, nuestra juventud, ¡es también gracias a Angola!

Entre estos jóvenes cuya vida se transformó mientras luchaban hombro a hombro con el pueblo de Angola estaban tres cubanos, aún menores de 30 años, cuyos nombres hoy son conocidos en todo el mundo: Gerardo Hernández, Fernando González y René González. Son tres de los cinco cubanos que, unos años después de sus experiencias en Angola, se ofrecieron como voluntarios para otra tarea internacionalista, esta vez en Estados Unidos. Su misión: vigilar las actividades de organizaciones contrarrevolucionarias cubanoamericanas que operan impunes desde bases en Estados Unidos, grupos que se organizan para realizar acciones violentas contra partidarios de la revolución en Cuba, Estados Unidos, Puerto Rico y otros países, y cuyas acciones siempre contienen la amenaza de precipitar un enfrentamiento entre Washington y Cuba. Arrestados por el FBI en 1998 en un caso fabricado y acusados de más de 30 cargos, los Cinco Cubanos han estado presos en Estados Unidos más de 14 años.

Como escribe Fernando González en su relato publicado en estas páginas, lo que aprendió en Angola son lecciones a las que ha recurrido desde entonces, "incluso aquí para enfrentar las circunstancias de la prisión prolongada".

Las batallas finales y decisivas que más de 50 mil voluntarios cubanos libraron en Angola en 1988 coincidieron con lo que llegó a conocerse en Cuba como el proceso de rectificación, y le dieron un impulso. Esto fue uno de los capítulos más importantes en la historia de la revolución.

En abril de 1986, en un discurso pronunciado en ocasión del 25 aniversario de la victoria en Playa Girón, donde fue aplastada la invasión organizada por Washington en la Bahía de Cochinos, el presidente cubano Fidel Castro anunció la decisión de la dirección de iniciar una profunda corrección de la trayectoria de la revolución. Lo comparó a un barco que cambia el rumbo de su brújula para emprender un trayecto diferente. Por más de una década, al aplicarse políticas asociadas con un Sistema de Dirección y Planificación de la Economía copiado de la Unión Soviética, se habían ido debilitando las iniciativas proletarias y los esfuerzos colectivos de los trabajadores y agricultores cubanos.

Fidel resumió el error con mucha perspicacia años después, en noviembre de 2005, cuando dijo a un público de jóvenes dirigentes de la revolución que "entre los muchos errores que hemos cometido todos, el más importante era creer que alguien sabía de socialismo, o que alguien sabía de cómo se construye el socialismo. Parecía ciencia sabida, tan sabida como el sistema eléctrico concebido por algunos que se consideraban expertos en sistemas eléctricos. [Pensábamos que] cuando decían, 'Esta es la fórmula', este es el que sabe".

Al desarrollarse el proceso de rectificación, la estimulación de la iniciativa e imaginación del pueblo trabajador cubano nuevamente se convirtió en la fuerza motriz de la revolución, combatiendo el peso económico, social y político de lo que se había convertido en una capa administrativa más y más inflada y relativamente privilegiada en los centrales, las fábricas, los ministerios, las oficinas y las organizaciones de masas.

Se aumentó en un 40 por ciento los salarios de los trabajadores agrícolas, entre los menos remunerados del país. Las instalaciones especiales —clínicas, tiendas, restaurantes y centros recreacionales— que el Ministerio del Interior había establecido para sus empleados fueron puestas a disposición general de la población. Se redujo el acceso privilegiado a autos estatales, raciones de gasolina y presupuestos de hospitalidad.

En centros de trabajo por todo el país se crearon microbrigadas voluntarias a tiempo completo que incorporaron a decenas de miles de trabajadores. Así se movilizó, prácticamente de la noche a la mañana, una fuerza laboral motivada para ayudar a lograr las prioridades sociales más apremiantes: viviendas, círculos infantiles, clínicas, escuelas, instalaciones de recreación y mucho más. Contingentes de la construcción —unidades voluntarias más grandes donde la remuneración, los horarios y las reglas laborales eran decididos e implementados por los mismos trabajadores— asumieron la construcción de carreteras, represas, hospitales, aeropuertos y otros importantes proyectos de infraestructura.

El trabajo voluntario —el elemento central de la acción proletaria en los primeros años de la revolución, el cual "se refugió en las actividades de la defensa" durante lo que Fidel en 1987 denominó "ese período bochornoso" en la construcción del socialismo— renació "como el ave fénix". A medida que las microbrigadas adquirieron el carácter de un movimiento social de masas, fue perdiendo terreno "el criterio burocrático, el criterio tecnocrático de que el trabajo voluntario no era cosa fundamental ni esencial".

Esta era la trayectoria revolucionaria que iba avanzando en Cuba cuando se libraron las grandes batallas finales de la guerra de Angola. Era el espíritu que caracterizaba a los 40 mil voluntarios cubanos en el frente sur en Angola quienes, junto a sus compañeros de armas angolanos y namibios, avanzaron combatiendo hacia el este y el sur en los primeros meses de 1988, construyendo en 70 días una pista aérea en una posición de avanzada, mientras rompían el cerco de Cuito Cuanavale, despejaban campos y caminos minados y tomaban control del aire.

Se había acabado. El régimen del apartheid se vio forzado a retirarse de Namibia así como de Angola y a pedir la paz.

La victoria que representó Cuito Cuanavale, junto con la trayectoria proletaria que se fue profundizando en Cuba misma, también le permitió a la revolución hacer frente a uno de los momentos más amargos que había atravesado en 30 años, y a salir fortalecida.

En junio y julio de 1989 el alto mando militar descubrió pruebas de que el general de división Arnaldo Ochoa, Héroe de la República de Cuba y jefe de la misión angolana en 1987–88, había estado supervisando ventas de azúcar en el mercado negro de Angola así como contrabando menor de diamantes y marfil, al tiempo que se jugaba la vida de miles de combatientes cubanos y angolanos en Cuito Cuanavale.

Según lo expresó Fidel con una claridad intransigente, "Cuando se está escribiendo por un lado la página más gloriosa, por otra se está escribiendo la más bochornosa, y la está escribiendo en parte importante quien está de jefe de la misión militar cubana en aquel país".

El editorial del diario *Granma* donde se anunció el arresto de Ochoa aclaró tajantemente que era al general de división Leopoldo Cintra Frías, y no a Ochoa, a quien se le había asignado la jefatura del frente sur "a fin de asegurar ciento por ciento el éxito de las operaciones de nuestras tropas en Angola". Era ahí donde "se concentró el grueso del personal, los tanques, la artillería, los medios antiaéreos y la aviación de combate cubanos". Ochoa, señaló el editorial, "se ocupó fundamentalmente de otras tareas de la misión militar cubana", tareas alejadas de "los acontecimientos militares".

Según reveló muy pronto la investigación que se iba ampliando, las operaciones ilegales en pequeña escala en Angola eran las menores de las infracciones que había cometido Ochoa. Él también había estado supervisando las actividades de uno de sus ayudantes, a quien Ochoa le había autorizado reunirse con Pablo Escobar del cártel de drogas de Medellín y otros narcotraficantes con el fin de explorar las opciones para operaciones de narcotráfico que utilizaran rutas aéreas y marítimas cubanas y posibles laboratorios de cocaína en África. La motivación, según Ochoa, era su deseo de recaudar dinero —grandes sumas: 4 mil millones de dólares fue la cifra que dio— que permitiera comprar equipo bélico para Angola y Cuba y acelerar el desarrollo de la industria turística en Cuba.

Ochoa y su subalterno fueron sometidos a consejo de guerra y ejecutados, junto a dos oficiales de alto rango del Ministerio del Interior que, según reveló la investigación, ya estaban involucrados en sus propias operaciones de narcotráfico, además de facilitar los proyectos de Ochoa.

Fue un momento traumático en Cuba.

El general de división Enrique Carreras expresó elocuentemente la indignación popular unos años más tarde cuando comentó en una entrevista, "Imagínense, manchar el uniforme por dinero, para salir de un problema económico. Eso es lo que Ochoa hizo. ¡Y eso en un ejército tan honorable como el Ejército Rebelde! Si tenemos que morir de hambre, moriremos de hambre, pero sin manchar por lo que el pueblo ha peleado tanto, y por tantos años. No vamos a manchar aquello por lo que tantos han caído a través de estos años… Por eso fue que luchamos por el socialismo: para eliminar todos esos males".

Extensos extractos de los procedimientos del Tribunal de Honor militar, del testimonio del consejo de guerra y de la revisión de las sentencias de muerte por el Consejo de Estado se publicaron en el diario *Granma*, se transmitieron por televisión y radio y fueron seguidos muy de cerca por millones de cubanos. Al final de lo que llegó a conocerse en Cuba como Causa No. 1 en 1989, hubo un amplio acuerdo —aunque distaba mucho de ser unánime— entre el pueblo trabajador en Cuba sobre la justicia de las sentencias, y su necesidad.

"¿Quién podría volver a creer en la revolución?", preguntó Fidel, "si realmente no se aplican para faltas tan graves las penas más severas que establecen las leyes del país?"

"¿Quién volvería a hablar de rectificación?"

En una reunión celebrada el 9 de julio, el Consejo de Estado revisó y después ratificó las sentencias de Ochoa y los otros tres. Al concluir sus palabras, Raúl Castro les recordó a los presentes que, como comandante de la misión militar en Angola, Ochoa había firmado las sentencias de muerte de tres jóvenes soldados cubanos que habían sido declarados culpables de violar y asesinar a mujeres angolanas. Como ministro de las Fuerzas Armadas Revolucionarias, Raúl había sido responsable de ratificar estas órdenes, y lo hizo.

"Mi mano entonces no tembló", dijo Raúl, "porque fue justa la decisión. Hoy tampoco me temblará cuando firme la sentencia que pide el tribunal para los cuatro casos que se nos han traído a esta reunión del Consejo de Estado. También las madres de esos tres jóvenes pudieron haber pedido clemencia. Si no cumplimos la sentencia, tendríamos que irles a pedir perdón".

Ya cuando las últimas unidades de voluntarios internacionalistas regresaron de Angola en 1991, Cuba enfrentaba la mayor crisis política y económica de su historia. A la implosión del régimen burocratizado en la Unión Soviética le acompañó la abrupta pérdida del 85 por ciento del comercio exterior de Cuba. Al evaporarse prácticamente todos los productos importados, se desplomó la producción agropecuaria e industrial. Fue, dijo Fidel, "como si un día no aparece el sol".

Al profundizarse la crisis, los enemigos de Cuba, ciegamente convencidos de sus propios mitos del menguante apoyo a la revolución, nuevamente pronosticaban (esperaban ver) su inminente desaparición. Y efectivamente, ningún otro gobierno en el mundo pudo haber sobrevivido a esta crisis.

Pero Cuba nunca había sido una versión tropical de lo que había llegado a ser la Unión Soviética, o lo que siempre habían sido los países de Europa Oriental. En términos de clase, era su negación política y moral. Y la confianza del pueblo trabajador de Cuba en sí mismo y en su gobierno, su confianza "de qué somos capaces", usando las palabras de Raúl, se debió en gran medida a las conquistas plasmadas en la misión internacionalista angolana y el proceso de rectificación.

Los 50 mil cubanos que prestaron servicio como voluntarios en Angola en 1988 para asegurar la aplastante derrota del ejército del apartheid en la batalla de Cuito Cuanavale habrían equivalido en esa época, en términos de población, a que Estados Unidos desplazara a 1.2 millones de soldados en un teatro de operaciones. Es solo una medida de la inmensidad del compromiso internacionalista que hicieron los hombres y mujeres de la Revolución Cubana. No obstante, para las nuevas generaciones de revolucionarios y trabajadores conscientes y combativos alrededor del mundo, todo esto es prácticamente una historia oculta.

En Cuba se ha publicado un pequeño número de testimonios, escritos por los que combatieron en uno u otro frente durante los casi 16 años que duró la misión. Prácticamente ninguno ha sido traducido o publicado fuera de Cuba. Es más, aún no existe un relato completo, aunque puede que eso cambie con la publicación, proyectada para septiembre de 2013, de *Visions of Freedom: Havana, Washington, and Pretoria in Southern Africa, 1976–1991* (Visiones de libertad: La Habana, Washington y Pretoria en África austral, 1976–1991) por Piero Gleijeses, autor del excelente estudio *Misiones en conflicto: La Habana, Washington y África, 1959–76*, que abarca los primeros meses de la misión.

Cuba y Angola: Luchando por la libertad de África y la nuestra se propone hacer un pequeño aporte a llenar ese hueco y a estimular a los protagonistas de lo que Fidel llamó "la más grande proeza internacionalista que ha realizado Cuba" a que den a conocer esa historia.

Los lectores encontrarán la fuerza del libro en las múltiples perspectivas que ofrece sobre muchos de los mismos sucesos.

A través de los discursos de Fidel Castro, comandante en jefe de la misión internacionalista en Angola y dirigente histórico de la Revolución Cubana, y de los de Raúl Castro, entonces ministro de las Fuerzas Armadas Revolucionarias de Cuba, adquirimos la más amplia perspectiva política, estratégica y militar. Por qué la dirección cubana tomó las decisiones que tomó en coyunturas importantes. Cómo fueron implementadas y dirigidas estas decisiones. Y las consecuencias para la revolución y sus relaciones con otras potencias mundiales y las fuerzas de liberación nacional en África, América Latina y otras partes del mundo.

Nelson Mandela, dirigente histórico de la lucha para eliminar el azote del apartheid de su país, de su continente y del mundo, explica el inaudito carácter político de las acciones cubanas en África, su peso y el papel que ocupan en la historia mundial.

Armando Choy, Gustavo Chui, Moisés Sío Wong y Alfonso Zayas, cuatro combatientes históricos de la lucha para derrocar a la dictadura de Batista, nos ofrecen la perspectiva de cuatro generales de las Fuerzas Armadas Revolucionarias de Cuba. Cada uno de ellos estuvo entre los experimentados oficiales de primera fila, dirigiendo en diferentes capacidades en los campos de batalla de Angola y en Cuba.

En los relatos de Gerardo Hernández, Fernando González y René González vemos la misión internacionalista angolana según la vivieron las generaciones más jóvenes de revolucionarios en esos momentos: cómo se vieron moldeados por esa experiencia de combate y transformados de por vida.

Y en "Operación Carlota" de Gabriel García Márquez, uno de los más grandes autores latinoamericanos contemporáneos documenta el inicio de la campaña de Angola y sus primeras grandes victorias. A través de su óptica podemos ver el impacto que estos sucesos tuvieron en la voluntad combativa del pueblo trabajador cubano: desde los nuevos acentos de su música hasta los nuevos bríos en su andar y sus sonrisas más anchas.

Cuba y Angola: Luchando por la libertad de África y la nuestra está dedicada a los hombres y mujeres de Cuba que escribieron este capítulo épico en la historia de su revolución, y a los que entonces estaban demasiado jóvenes para participar, quienes aprenderán de esta historia y aprenderán unos de otros al ir marchando a las batallas de clases cuyas primeras bengalas ya arden.

ENERO DE 2013

LA MISIÓN INTERNACIONALISTA CUBANA EN ANGOLA

Entre noviembre de 1975 y mayo de 1991, más de 375 mil miembros de las Fuerzas Armadas Revolucionarias de Cuba cumplieron misión voluntaria en Angola en respuesta a las solicitudes del gobierno de ese país para ayudar a rechazar dos invasiones de envergadura y operaciones militares continuas por parte del régimen sudafricano del apartheid. Además, 50 mil voluntarios internacionalistas llevaron a cabo diversas responsabilidades civiles. La campaña del régimen sudafricano, socio menor del imperialismo, para derrocar al gobierno angolano se realizó a lo largo de 13 años en alianza con fuerzas contrarrevolucionarias angolanas que recibieron un considerable apoyo económico, militar y diplomático de Washington.

Sin embargo, al final fueron derrotados el régimen del apartheid y sus aliados y partidarios.

El apoyo activo de Cuba a las luchas independentistas en las colonias portuguesas de África había comenzado más de una década antes de que Angola se independizara. En los primeros meses de 1965, Ernesto Che Guevara visitó África y se reunió con dirigentes de las luchas de liberación nacional en Angola, Mozambique, Guinea-Bissau y Cabo Verde, prometiendo el pleno apoyo de Cuba a su lucha para derrocar el dominio colonial de Lisboa. Unos meses después, Guevara mismo, con 128 combatientes cubanos, dirigió una misión durante seis meses en la antigua colonia belga del Congo para ayudar a las fuerzas antiimperialistas allí.

Durante los 10 años siguientes, internacionalistas cubanos ayudaron a los movimientos en las colonias africanas de Portugal. En 1974 la dictadura portuguesa, que había llegado al poder a fines de los años 20, fue derrocada en un golpe militar. La caída de la dictadura desató un masivo ascenso revolucionario de trabajadores y jóvenes, acelerado por el impacto de las luchas armadas de liberación que se propagaban por África. Las colonias de Portugal ganaron su independencia.

Angola iba a independizarse el 11 de noviembre de 1975, con un gobierno dirigido por el MPLA (Movimiento Popular de Liberación de Angola), el movimiento de liberación más fuerte en el país. En un intento de impedirlo, el régimen sudafricano del apartheid invadió Angola por el sur desde Namibia, la cual estaba bajo el dominio sudafricano. También en Namibia se estaba dando una lucha anticolonial, dirigida por la Organización Popular de África Sudoccidental (SWAPO).

La invasión sudafricana de Angola contó con el apoyo de Washington y la ayuda del gobierno proimperialista de Zaire (ex Congo belga). Entre otros objetivos, el presidente zairense Mobutu Sese Seko esperaba anexionarse la provincia angolana de Cabinda, rica en petróleo.

El objetivo de los gobernantes sudafricanos y norteamericanos era impedir que el MPLA formara el nuevo gobierno y entregar el poder a los aliados de Pretoria y Washington: la UNITA (Unión Nacional para la Independencia Total de Angola), dirigida por Jonas Savimbi, y el FNLA (Frente Nacional de Liberación de Angola), dirigido por Holden Roberto. Ya a principios de noviembre, las fuerzas sudafricanas y sus aliados empezaban a rodear Luanda, capital de Angola.

El nuevo presidente de Angola, Agostinho Neto, le pidió a Cuba que enviara fuerzas de combate para ayudar a impedir que las fuerzas sudafricanas se tomaran Luanda. La respuesta internacionalista de Cuba la narró el autor colombiano Gabriel García Márquez después de

Angola

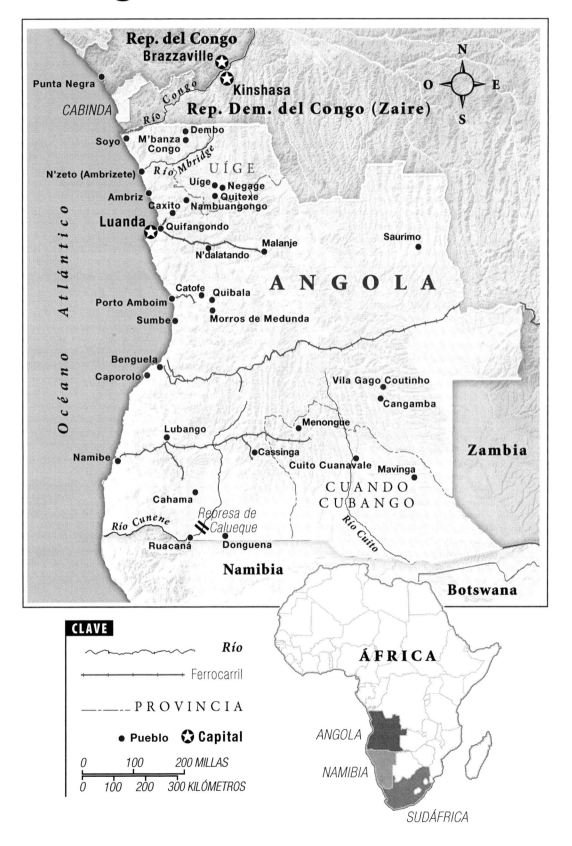

Rep. del Congo
Brazzaville

Punta Negra

Río Congo

CABINDA

Kinshasa
Rep. Dem. del Congo (Zaire)

Soyo
Dembo
M'banza
Congo

N'zeto (Ambrizete)
Río Mbridge
UÍGE

Ambriz
Uíge
Negage

Caxito
Quitexe
Nambuangongo

Luanda
Quifangondo

N'dalatando
Malanje
Saurimo

A N G O L A

Catofe
Quibala
Porto Amboim

Sumbe
Morros de Medunda

Benguela
Caporolo

Vila Gago Coutinho
Cangamba

Menongue

Lubango

Namibe
Cassinga
Cuito Cuanavale
Mavinga

C U A N D O
C U B A N G O

Cahama
Represa de Calueque

Río Cunene
Río Cuito

Ruacaná
Donguena

Namibia

Botswana

Zambia

O c é a n o   A t l á n t i c o

N
O   E
S

CLAVE

~~~~ *Río*

+—+—+—+ Ferrocarril

— · — · — P R O V I N C I A

● Pueblo   ✪ Capital

```
0        100       200 MILLAS
0   100   200   300 KILÓMETROS
```

Á F R I C A

ANGOLA

NAMIBIA

SUDÁFRICA

extensas entrevistas con dirigentes cubanos. "La dirección del Partido Comunista de Cuba no tuvo más de 24 horas para decidir", escribió en 1977, "y decidió sin vacilar, el 5 de noviembre… Fue un acto independiente y soberano de Cuba y fue después y no antes de decidirlo que se hizo la notificación correspondiente a la Unión Soviética".[1]

La misión se denominó Operación Carlota, en honor a una esclava conocida como la Negra Carlota del central azucarero Triunvirato cerca de Matanzas, Cuba. Armada con un machete, ella encabezó una rebelión de esclavos en 1834 que se extendió por varias haciendas en esa provincia. Fue capturada y descuartizada por las tropas coloniales españolas.

Los internacionalistas cubanos fueron decisivos en detener a las fuerzas invasoras a unos kilómetros de Luanda y a pocas horas de la ceremonia de independencia. Después ayudaron a dirigir una contraofensiva tanto hacia el norte como hacia el sur. Ya para el 27 de marzo de 1976, "cuando los últimos soldados sudafricanos, después de una retirada de más de 700 kilómetros, cruzaron la frontera de Namibia, se había escrito una de las más brillantes páginas de la liberación de África negra", dijo Fidel Castro el 19 de abril de 1976.[2]

Decenas de miles de cubanos se habían ofrecido como voluntarios para formar parte de esta gesta. "La inmensa mayoría se fue a Angola con la convicción plena de cumplir un acto de solidaridad política, con la misma conciencia y el mismo coraje con que 15 años antes habían rechazado el desembarco en Playa Girón", escribió García Márquez. "La Operación Carlota no fue una simple expedición de guerreros profesionales, sino una guerra popular".

Tras ser expulsadas sus tropas al otro lado de la frontera, el régimen supremacista blanco de Sudáfrica, con apoyo y ayuda del gobierno norteamericano, ayudó a lanzar una sangrienta guerra contrarrevolucionaria contra el nuevo gobierno angolano, librada principalmente por la UNITA. Las operaciones de la UNITA en Angola recibieron mucho apoyo transfronterizo de las fuerzas sudafricanas basadas en Namibia, incluyendo múltiples "incursiones" del régimen del apartheid. Ante esta situación, Angola le pidió a Cuba que mantuviera su misión militar internacionalista a fin de prevenir otra invasión sudafricana. Durante la siguiente década de impasse, la guerra cobró la vida de cientos de miles de angolanos.

El impasse duró hasta fines de 1987, cuando en respuesta a una nueva invasión sudafricana de gran envergadura la dirección revolucionaria cubana actuó rápidamente para reforzar las fuerzas militares cubanas en Angola.

La batalla decisiva que impidió el avance de las fuerzas sudafricanas se libró en el pueblo de Cuito Cuanavale, en Angola suroriental, donde un grupo de soldados angolanos y cubanos estaban cercados. Durante varios meses los defensores del pueblo, dirigidos por los cubanos, resistieron repetidas embestidas sudafricanas.

Entretanto, refuerzos cubanos y angolanos se trasladaron hacia Cuito Cuanavale, y otras unidades, incluyendo fuerzas de la SWAPO, efectuaron simultáneamente una operación de flanqueo en un amplio arco hacia Namibia en el sur.[3] En marzo de 1988 las posiciones estratégicas de las propias tropas sudafricanas ya se encontraban amenazadas. Al reconocer que no podrían tomar Cuito Cuanavale, las fuerzas del apartheid comenzaron un repliegue general hacia la frontera namibia.

Al enfrentar también crecientes luchas de masas contra el dominio del apartheid en su propio país, el régimen sudafricano pidió la paz. En diciembre de 1988 se suscribió un acuerdo en Naciones Unidas en Nueva York entre Angola, Cuba y Sudáfrica, con la presencia de representantes del gobierno estadounidense. Los acuerdos estipulaban que Sudáfrica retirara sus fuerzas de Angola y reconociera la independencia de Namibia. Inmediatamente después de la firma del pacto, Cuba y Angola aceptaron de forma conjunta el retiro de las fuerzas cubanas.

Los últimos soldados cubanos se retiraron de Angola en mayo de 1991. Más de 2 mil internacionalistas cubanos habían dado la vida en esta misión que duró casi 16 años.

1. Ver la p. 129.

2. Ver la p. 36.

3. Ver el mapa en la p. 44.

"¡La aplastante derrota del ejército racista en Cuito Cuanavale constituyó una victoria para toda África!" dijo Nelson Mandela durante una visita a Cuba en 1991. Al expresar el agradecimiento del pueblo de Sudáfrica, Mandela recalcó el aporte del pueblo cubano al derrocamiento del propio régimen del apartheid. Cuito Cuanavale, dijo, "¡marca un punto álgido en la lucha por librar al continente y a nuestro país del azote del apartheid!"[4]

---

4. Ver la p. 77.

PRIMERA PARTE

En defensa de la independencia y soberanía de Angola

CONSOLIDAR UNA PODEROSA TRINCHERA FRENTE A LA SUDÁFRICA DEL APARTHEID

Fidel Castro
SEPTIEMBRE DE 1975

Fragmentos de un discurso pronunciado el 12 de septiembre de 1975 en el cuartel militar de La Cabaña, La Habana, ante el primer contingente de instructores militares que partía para la misión internacionalista en Angola.

…Cualquier operación de esta naturaleza, como ustedes saben, para la seguridad del personal de la misión hay que mantenerla en la mayor discreción. Por eso se hizo el trabajo previo de selección del personal. Y, como lo hacemos siempre en estas circunstancias, se trata de un personal voluntario. Desde luego, como ustedes saben, para cualquier tarea revolucionaria e internacionalista en nuestro país, son muchos los que están dispuestos a ofrecerse para cumplirla…

"La lucha de los patriotas de Guinea-Bissau, Angola y Mozambique condujo al colonialismo portugués a una crisis: en primer lugar de carácter internacional, de aislamiento", dijo Fidel Castro en septiembre de 1975, "y por último a una crisis interna". **Arriba:** Multitudes en Lisboa, abril de 1974, celebran caída de odiada dictadura que había gobernado más de 45 años. Ya para noviembre de 1975, todas las colonias portuguesas en África se habían independizado.

Reproducido de *La batalla de Cabinda*, por Ramón Espinosa Martín, general de cuerpo de ejército de las Fuerzas Armadas Revolucionarias de Cuba (La Habana: Ediciones Verde Olivo, 2001).

"En su lucha por la independencia, los africanos le ayudaron al pueblo portugués a gestar la revolución en Portugal en abril de 1974".

—*Fidel Castro, septiembre de 1975*

Arriba, derecha: Masiva movilización en Lisboa, mayo de 1974, presenta demandas a nuevo gobierno tras caída de la dictadura. **Arriba:** Manifestantes en Nueva York se unen al reclamo mundial por la libertad de las colonias portuguesas, las últimas en África subsahariana, junio de 1974. **Derecha:** Celebración de la independencia en Luanda, Angola, noviembre de 1975.

Las misiones de nuestro ejército en defensa de la patria son una obligación de todos. Podríamos decir también que la misión de nuestro ejército en la defensa de la causa revolucionaria e internacionalista es también un deber de todos. Pero cuando se trata de escoger a un grupo selecto de hombres para cumplir una de estas misiones, siempre preferimos el principio de que sea una misión de voluntariedad. Estoy absolutamente seguro de que no habría un solo oficial, ni un solo soldado de nuestras Fuerzas Armadas Revolucionarias, que, al tener la oportunidad de escuchar el compromiso que ustedes han hecho hoy y de conocer la misión que ustedes van a cumplir, fuera capaz de dejarlos marchar a ustedes solamente.

Con esto quiero expresar nuestra confianza en nuestros combatientes, que son hombres con un nivel de conciencia patriótica, revolucionaria e internacionalista tan alto que están plenamente capacitados para cumplir cualquier misión de esta índole. Desde luego que tenemos una apreciación especial por aquellos compañeros que cuando se les mencionó la necesidad de una misión como esta —incluso algo más, una misión que no se sabe cuál es y que simplemente se clasifica con el nombre de misión internacionalista— responden inmediatamente "Presente", dispuestos a cumplir esa misión…

En Portugal había estado prevaleciendo un gobierno fascista durante más de 40 años. Ese gobierno mantuvo la guerra durante 10 años contra los luchadores por la independencia de las colonias portuguesas en África. Pero la propia lucha de los patriotas de Guinea-Bissau, Angola y Mozambique fue conduciendo al colonialismo y al fascismo portugués a una crisis. En primer lugar de carácter internacional, de aislamiento, de descrédito del gobierno, y por último lo condujo a una crisis interna.

Es decir que en su lucha por la independencia, los africanos ayudaron al pueblo portugués; fue un elemento que contribuyó a gestar la revolución en Portugal. Sin esa lucha de las colonias portuguesas en África, posiblemente no se hubiera producido nunca la revolución del 25 de abril [de 1974] en Portugal, o habría tardado mucho más en producirse. Pero también los acontecimientos en Portugal contribuyeron a acelerar la independencia de esos países.

Después del triunfo de la revolución en Portu-

gal, inmediatamente se planteó el problema de las negociaciones con los movimientos de liberación de África y otras partes. Guinea-Bissau adquirió su independencia, Mozambique adquirió también su independencia, pero en Angola se dio una situación especial.

En Angola existían tres movimientos en esos instantes. En primer lugar el MPLA (Movimiento Popular para la Liberación de Angola), que es el movimiento que organizó la lucha contra los portugueses y que durante 10 años luchó por la liberación de Angola.

Mientras aquella lucha se desarrollaba, nosotros teníamos noticias de que había algunos elementos, dirigidos por Holden Roberto, que estaban vinculados al imperialismo yanqui; era reconocido en los círculos revolucionarios internacionales como un elemento vinculado al imperialismo. Prácticamente no participaban en la lucha armada por la liberación de Angola. En cambio, durante los últimos años y a medida que el imperialismo portugués iba entrando en crisis, se dedicaron a organizar un ejército en el antiguo Congo-Leopoldville, que actualmente se conoce con el nombre de Zaire.[1]

El Congo había sido escenario de luchas revolucionarias. En ese país surgió un gran líder, que fue [Patricio] Lumumba, el cual fue derrocado y posteriormente asesinado por los elementos al servicio del neocolonialismo y del imperialismo. Surgió un gobierno que fue, en resumen, el resultado del aplastamiento del proceso revolucionario en ese país. Ese gobierno ha tenido ciertas políticas a veces demagógicas, ciertos matices nacionales, pero en realidad es uno de los gobiernos reaccionarios de África…

Se vio desde hace algunos años la intención del gobierno de Zaire, utilizando elementos dirigidos por Holden Roberto, que organizó un llamado movimiento Frente de Liberación de Angola [FNLA] y se dedicó a preparar un ejército en Zaire mientras la guerra se desarrollaba en Angola. El MPLA llevaba adelante esa guerra ayudado por los países progresistas de todo el mundo.

---

1. Dos países comparten históricamente el nombre de Congo. Congo-Brazzaville (oficialmente, República del Congo), al norte de Angola, ganó su independencia de Francia en 1960. El Congo (República Democrática del Congo, conocida como Zaire entre 1971 y 1997), al noreste de Angola, se independizó de Bélgica en 1960.

Mientras tanto, en Zaire se organizaba un ejército reclutando una parte de la emigración de Angola que estaba residiendo en el Congo. Se decía que tenían unos miles de hombres que estaban siendo entrenados y preparados, supuestamente para luchar contra los portugueses. Pero era claro que lo que estaban organizando en Zaire era un ejército para apoderarse del poder *después* de que se lograra la independencia de Angola, porque en medio de la guerra no luchaban. Trataban de hacerse fuertes para contar con una fuerza con la cual decidir la cuestión interna de Angola después de la independencia, y efectivamente ha resultado así.

Plataforma petrolera en Cabinda de la compañía estadounidense Gulf Oil. Uno de los objetivos del dictador zairense Mobutu Sese Seko al apoyar el ataque imperialista contra Angola era de anexionar Cabinda, territorio rico en petróleo.

El MPLA, por otro lado, tuvo algunos desprendimientos internos de elementos de derecha que fueron los que organizaron este otro tercer movimiento que es la UNITA, que tiene alguna fuerza en la zona sur del país.

Tan pronto se hicieron los acuerdos entre Portugal y los tres movimientos de liberación —supuestamente de liberación; realmente había uno solo de liberación— se decidió crear un gobierno provisional con ciertas facultades. Este gobierno provisional comprendía las tres fuerzas al principio: el MPLA, el FNLA y la UNITA. Esto se logró, en parte, porque algunos gobiernos africanos, deseosos de encontrarle alguna solución al problema y evitar las consecuencias de una guerra civil, presionaron a los distintos movimientos, incluso al MPLA, para que llegaran a ese acuerdo. Una de las funciones del nuevo gobierno era la de preparar las condiciones para la plena independen-

cia el 11 de noviembre de 1975. Los portugueses incluso repartieron algunas armas de las que ellos tenían entre los tres movimientos.

Esa alianza no podía tener mucha duración y en determinado momento se rompió. Parece ser que los del FNLA cometieron toda una serie de abusos, de crímenes en ese período de gobierno unitario, que según noticias que nosotros tenemos, los enemistó mucho con la población. Ellos eran fuertes sobre todo en la frontera con Zaire. Comenzaron a desplazar las tropas que estaban preparando en Zaire hacia Angola, por la zona norte, y ocuparon una región.

Hay un problema en todo esto que explica en parte esta disputa por Angola, y es el hecho de que Angola tiene un pequeño territorio al norte, es decir, un pequeño territorio separado del resto del territorio de Angola, que se llama Cabinda. Cabinda está situada al norte de la desembocadura del río Congo y está separada del resto del territorio de Angola, además del río, por una franja de tierra que pertenece a Zaire…[2]

En esta pequeña porción del territorio de Angola, en los últimos años, apareció petróleo, al parecer en cantidades abundantes. Están en la primera fase de producción y ya tengo entendido que producen varios millones de toneladas de petróleo. Eso se ha convertido en manzana de la discordia que ha despertado el interés de empresas monopolistas de Europa y Estados Unidos, que ha sido un elemento en esta situación creada en Angola, dada la situación difícil que hay con los combustibles en el mundo…

Cabinda aparece ahora entre las regiones con importantes reservas de petróleo. Es muy posible que Zaire esté elaborando la idea de apoderarse de Cabinda y de apoderarse del petróleo de Angola. La cuestión del petróleo debe estar presente en toda esa pugna.

Cabinda tiene una población relativamente pequeña, de unos 80 mil habitantes. Actualmente está totalmente controlada por el MPLA. Pero está

2. Las potencias imperialistas europeas se repartieron África entre sí en una conferencia en Berlín en 1885. Para darle acceso marítimo a la monarquía belga en su colonia del Congo, cortaron una pequeña franja que pasaba por el territorio colonial de Portugal. Así fue que Cabinda, provincia norteña de Angola, quedó separada geográficamente del resto del país.

allí, aislada del resto del territorio, como un posible objetivo en un momento determinado… En estos momentos allí no se está combatiendo… pero en el resto del territorio de Angola sí se ha estado combatiendo… en los últimos meses sobre todo desde el norte, y también en un sector del sur del país donde están presentes los de la UNITA. El MPLA trató de neutralizar los de la UNITA para poder enfrentarse a los del FNLA en el norte, pero se produjeron ciertos desacuerdos entre la UNITA y el MPLA, de modo que en un momento dado los de la UNITA comenzaron a combatir a los del MPLA.

Esa es, a grandes rasgos, la situación política. ¿Qué es lo que ha quedado claro en estos últimos meses? Que el MPLA tiene capacidad de reaccionar y de combatir. Al principio, el ejército proveniente de Zaire, aparentemente bien armado, con carros blindados y otros equipos, avanzó desde el norte y se acercaba a Luanda. En algunos momentos parecía que aquel ejército reaccionario organizado en Zaire podía dominar la situación. Sin embargo, los combatientes del MPLA reaccionaron y contuvieron la ofensiva. Y cuando estaban a unos 40 kilómetros de la capital, no solo reaccionaron, sino que empezaron a recuperar parte del territorio.

Cuando recientemente hicieron otra ofensiva, los del FNLA al parecer se acercaron a 15 o 20 kilómetros de Luanda. Cuando estaban a 15 kilómetros, los del MPLA reaccionaron otra vez y los rechazaron hasta Caxito, a unos 40 o 50 kilómetros de Luanda. Según noticias recientes, los del MPLA han tomado Caxito; van avanzando hacia el norte. En el sur se enfrentaron con la gente de la UNITA y también… los contuvieron y les quitaron algunas posiciones y los han mantenido a raya.

La situación actual es que el MPLA ocupa 12 provincias… de Angola, además de Cabinda. Los elementos reaccionarios cuentan con algunas provincias en el norte y algunas provincias en el sur. La mayor parte del territorio está en manos del MPLA. Pero lo más importante es el factor político: la población de Angola apoya al MPLA.

Los elementos del FNLA se ganaron el odio de la población. Parece que cometieron todo género de fechorías, de extorsiones y de crímenes en el período que duró el gobierno provisional de las tres fuerzas, mientras que el MPLA ha tenido la visión de apoyarse en las masas. Ha tenido organización,

disciplina, una política con la población que le ha ganado el apoyo. De modo que la situación popular es muy favorable al MPLA; ese es un punto muy importante.

Con relación a los armamentos, ellos tenían armamento de la época de la guerra de liberación, alguno entregado por los portugueses en el momento del cese el fuego y de constitución del gobierno provisional. Y cuentan también con algún armamento que les enviaron los soviéticos, porque este movimiento del MPLA estuvo apoyado por los países socialistas, por las fuerzas progresistas de todo el mundo. El MPLA forma parte del Movimiento de No Alineados y ha tenido un apoyo internacional grande. Son conceptuados en la opinión internacional como la fuerza más revolucionaria, la fuerza revolucionaria y verdaderamente progresista de Angola.

Los soviéticos le enviaron recientemente:

26 carros blindados;

32 instalaciones de GRAD-1P: son los "granizos" [lanzacohetes múltiples móviles];

12 cañones de 76 mm;

3 216 bazucas RPG-7;

39 morteros de 82 mm;

4 instalaciones antiaéreas de 23 mm;

44 ametralladoras antiaéreas ZCU;

298 ametralladoras;

2 899 fusiles AKM;

84 estaciones de radio; y

10 mil completos de vestuario, militar y civil.

Les doy este dato porque ustedes van precisamente para el territorio grande de Angola, para que ustedes conozcan el tipo de armamento que recientemente ha recibido el MPLA. Es un conjunto de armas bastante poderosas.

Es de suponer que ellos no tienen mucha experiencia en el empleo de estas armas, pero no hay dudas de que las están empleando con alguna eficacia. Por ejemplo, cuando el FNLA hizo la última ofensiva contra Luanda con carros blindados, es evidente que se usaron los granizos contra las tropas atacantes. Según noticias que nosotros tenemos, en numerosos combates han usado las bazucas y los cañones antitanque. De modo que tienen una cierta capacidad de asimilar el armamento y de emplearlo, aunque, desde luego, como ustedes han de suponer, no tienen una gran experiencia militar y no tienen muchos conocimientos sobre el empleo de estas armas.

Tampoco fue fácil que estas armas llegaran hasta allí, porque hay una situación especial. Hay dos estados dentro de Angola: el estado portugués, que todavía tiene allí sus tropas, y el nuevo estado que se va formando, integrado por los revolucionarios. Los portugueses están armados en sus cuarteles. Los revolucionarios están llevando a cabo su guerra bien armados.

Los elementos portugueses en Cabinda han tenido una actitud bastante positiva de apoyo al MPLA. En el resto de Angola, según las noticias, hay muchos jefes portugueses que son reaccionarios. No es que hayan intervenido —han surgido algunos incidentes con el MPLA en determinado momento— pero hay muchos oficiales reaccionarios al frente de esas tropas portuguesas. Claro está que las tropas portuguesas no quieren saber de combate.

La misión fundamental de esta tropa, ¿en qué consiste? En conformidad con los acuerdos a que hemos llegado con el MPLA, consiste, en primer lugar, en constituir un grupo de dirección, es decir, un grupo de estado mayor que los pueda asesorar en la lucha actual. En segundo lugar, constituir cuatro escuelas en cuatro territorios distintos de Angola. Esas escuelas tendrán alrededor de 200 [cubanos] cada una: tres en el territorio grande de Angola y una en Cabinda.

El personal que va para Cabinda no está aquí, pues precisamente no queríamos que el grupo que va a permanecer aquí conociera estos datos que ustedes están conociendo ahora, por motivos de seguridad. Por eso ellos no están presentes en este acto. Aquí está presente el personal del estado mayor, el personal médico y el personal de cada una de las tres escuelas que se van a establecer en el territorio amplio de Angola.

A su vez, cuando ustedes estén allí, no deben hablar con nadie de los problemas de Cabinda, ni hacer mención del resto del personal. Yo se lo comunico hoy para que ustedes tengan una idea global y que sepan también que a Cabinda va un personal que va a estar bastante distante de ustedes, porque va a estar, como les digo, muy al norte y en un territorio separado del resto del país.

Este personal que va para las distintas escuelas tendrá la misión de preparar a los angolanos, entrenarlos y organizarlos. En las escuelas habrá, en su conjunto, 5 mil hombres. Es decir que en los momentos que estén ustedes allí y se encuentren el personal angolano, ya estará la base de un nuevo ejército. Independientemente de los combatientes que están en los distintos frentes, ya estarán haciendo una

Fotos: Combatientes cubanos y angolanos en centro de instrucción militar en Cabinda, Angola, uno de los cuatro que se crearon a solicitud del MPLA entre septiembre y octubre de 1975 con ayuda del primer destacamento de combatientes cubanos.

reserva, podríamos llamar, de 5 mil hombres. Esa es la primera misión: entrenar ese personal.

Pero nosotros discutimos con los compañeros del MPLA esta estructura. Porque ellos al principio estaban pensando en grupitos pequeños de cubanos en muchos lugares difíciles haciendo tareas de instructores. Nosotros les sugerimos que no se dispersara el personal cubano, sino que se uniera en una serie de puntos esenciales, que se hicieran escuelas grandes. ¿Por qué queríamos esto? Pues así es mucho más fácil para dirigirlos que dispersos. Y sobre todo, es además mucho más seguro, porque en la peor de las circunstancias una tropa cubana de 60 o 70 hombres es una tropa respetable.

Nosotros, que vivimos la experiencia guerrillera, jamás tuvimos 70 hombres con los conocimientos militares y con el armamento que ustedes van a tener. Setenta hombres con fusiles automáticos, morteros, bazucas, cañones antitanque y antiaéreas pueden enfrentarse a cualquier situación. Esto es pensando en las peores variantes, en las variantes en que se quedaran solos los cubanos de cualquier grupo. Cualquiera de esos grupos es suficientemente poderoso para enfrentar cualquier situación militar que se le presente, en el tipo de guerra que allí se efectúe.

Todavía la aviación no está participando. Las antiaéreas se pueden usar en tierra. Aquella no es una zona de operaciones para operar masas de tanques; es un territorio con muchos ríos y otros obstáculos naturales. Cualquier grupo de tanques de Holden Roberto que venga avanzando por el norte, una pequeña tropa con morteros, bazucas y cañones antitanque, en una posición bien escogida, liquida cualquier fuerza de esas.

Por eso nosotros, pensando en la seguridad de nuestro personal, propusimos esta fórmula de las escuelas concentradas y donde el personal cubano pudiera estar también concentrado y tuviera capacidad por sí mismo para combatir en cualesquiera circunstancias.

Decía la peor variante, que se puede dar en los primeros momentos, cuando todavía las escuelas no estén bien organizadas, cuando todavía el personal no esté bien preparado o no esté entrenado… Si no se presenta esa necesidad, se irán entrenando nuevos contingentes, y entrenan otro y así, para ir organizando el nuevo ejército angolano. De modo que la situación marcha favorable en la mejor de las circunstancias, como está marchando ahora para el MPLA.

Posiblemente el MPLA derrote al FNLA primero y a la UNITA después, y no sea necesaria la participación directa de las escuelas, del personal cubano. Pero puede ocurrir la circunstancia de que llamen a una de las escuelas a apoyar una operación o a defender una región. Entonces esa escuela con personal cubano entraría en operaciones militares.

El grupo del estado mayor puede prestar un importante asesoramiento y el personal médico, dondequiera que esté, va a tener bastante trabajo atendiendo, en primer lugar, al personal cubano, al personal de las escuelas, al personal angolano y a la población. Donde hay un médico, ustedes saben bien, surgen inmediatamente necesidades de su servicio.

Cada escuela va a tener un armamento propio:

9 morteros de 82 mm;

7 cañones sin retroceso de 75 mm;

18 bazucas RPG-7;

6 ametralladoras antiaéreas de un cañón.

El personal cubano va a tener fusil automático AKM propio. El personal angolano va a tener fusil semiautomático checo, el VZ-52 creo que es.[3] No hemos mandado AK, no por haberle negado las AK a las escuelas —el personal cubano lo hemos mandado con AK— sino que nosotros, de acuerdo con los convenios militares, no podemos disponer libremente del armamento soviético recibido. Por eso enviamos el cañón chino y algunos tipos de armas que no son soviéticas…

Claro, ha sido imprescindible incluir algún armamento soviético, pero lo hemos reducido al mínimo para no entrar en contradicción con los acuerdos de los suministros de armas que tenemos. Es por eso que hemos decidido enviarles el fusil checo, pero les vamos a enviar en estos primeros cargamentos unos 12 mil fusiles.

Si sumamos el armamento que ellos tenían con

---

3. El fusil automático AKM, con un cargador de 30 tiros, fue usado por las fuerzas armadas de la Unión Soviética entre 1959 y 1974, cuando fue remplazado mayormente por un modelo más ligero y rápido. El rifle VZ-52, con un cargador de 10 tiros, fue usado por las fuerzas armadas de Checoslovaquia de 1952 a 1959.

el armamento que les enviaron los soviéticos, con el armamento que les entregaron los portugueses y que nosotros les mandamos, deben ser aproximadamente 20 mil hombres. Ellos tienen, incluso, algunos fusiles de los que les entregaron los portugueses que usan las balas del FAL y nosotros vamos a suministrar parque de los FAL… Cada escuela tendrá un armamento suficiente para defenderse y para realizar cualquier operación militar. Se supone que ese armamento debe permanecer en las escuelas, excepto que se produzca una situación en que deba ir la escuela y el personal cubano a combatir. Si termina un contingente, saldrá de la escuela y vendrá otro contingente a ser entrenado, y así sucesivamente.

En una ocasión, un personal cubano realizó una misión de solidaridad en un pueblo de África —que fue precisamente en el Congo-Leopoldville— hace varios años. Una de las cosas que produjo más impacto en nuestro personal fue el choque de mentalidades y culturas diferentes. Los cubanos chocaron allí con la cultura del lugar, de la población, con la falta de organización, con la falta de disciplina. Chocaron inclusive con los problemas religiosos de aquellos combatientes, las supersticiones. Eso les produjo efectos pesimistas, desfavorables.

Yo les advierto esto porque creo que es una de las cuestiones fundamentales. Desde luego, les estoy hablando de un caso muy diferente. El aspecto mismo de la superstición le creaba trauma a nuestra gente: la gente que iba al combate, que si no iba se ponía a rezar, todo ese tipo de cosas.

El ejemplo que les estoy poniendo es muy diferente. No es una organización política como la del MPLA, regida por criterios revolucionarios, por una política progresista, con una educación de los militantes. La impresión que yo tengo desde aquí es que estos combatientes, estos patriotas angolanos, están mucho más avanzados en organización y cultura política que lo que estaban aquellos combatientes del Congo a los cuales nuestra gente fue a ayudar. Son gente mucho mejor organizada y mucho mejor preparada políticamente, y tenemos la impresión de que hay en ellos la materia prima de buenos combatientes.

Les hago estas advertencias, sin embargo, porque la mente de ustedes va a encontrarse cosas diferentes, hábitos diferentes, cosas nuevas a las cuales ustedes no están acostumbrados en el am-biente en que han nacido y se han educado.

La actitud del hombre para la guerra está en dependencia de su cultura y de su desarrollo político. En muchos países africanos que estuvieron esclavizados, colonizados, viviendo en estado tribal, ustedes no pueden encontrar exactamente la misma cultura, el mismo desarrollo político que ustedes se encuentran en nuestro país. Y una de las misiones es formar buenos soldados de esos hombres, prepararlos, darles confianza.

Es muy importante, sobre todo, que ustedes no incurran en un sentimiento de subestimación de cualquier combatiente africano. Deben estar muy alerta contra eso. Si se encuentran dificultades, si se encuentran atrasos culturales, si se encuentran superstición, tienen que saber afrontar esos problemas con mucha paciencia, con mucha comprensión y con mucha inteligencia.

En lo que ninguno de ustedes puede caer jamás es en una actitud de subestimación o de menosprecio por un combatiente africano. Yo diría que entre las normas y los preceptos el más importante es este: con aquellos hombres que deban estar bajo la dirección de ustedes, que van a ser instruidos y preparados por ustedes… deben tener una disposición de ánimo absolutamente comprensiva, absolutamente fraternal. Con aquellos hombres ustedes tienen que desarrollar óptimas relaciones.

Este punto es de suma importancia. La comprensión de este punto es la esencia, la garantía del cumplimiento exitoso de la misión. Y ya les digo, las impresiones que tenemos son buenas sobre los combatientes angolanos, pero ustedes, en sus mentes, deben estar preparados para encontrarse obstáculos, problemas, supersticiones.

La misión de ustedes es ayudarles a desarrollar una nueva cultura, una nueva actitud, una preparación militar, una capacidad de reaccionar y de actuar frente a las distintas tareas militares que se presenten. No se olviden de esto nunca, de las relaciones de ustedes con los hombres con los que ustedes van a tratar. Si en cualquier momento algún compañero angolano observa en ustedes una actitud de arrogancia, de superioridad, eso tendría efectos muy negativos. Que nunca experimenten ellos la sensación de que ustedes se sienten superiores a ellos, que nunca tengan la impresión de que son subestimados, menospreciados por ustedes. Desde el punto de vista sicológico esa es una cuestión clave.

No se imaginen ustedes que se van a encontrar en ese país la organización que tenemos en este país ya. Tendrán que encontrarse con deficiencias, desorganización, con obstáculos. Esta misión no tendría una importancia especial si fuera una misión fácil, si ustedes fueran a llegar a Angola y encontrarse un pueblo como el actual de Cuba. Ellos tendrán que esperar bastante tiempo de lucha, de preparación cultural y política antes de tener un pueblo con los niveles que tiene hoy el pueblo de Cuba. Es decir que no se va a trabajar en condiciones ideales, en un ambiente ideal. Hay que suponer que el trabajo tenga que hacerse en condiciones difíciles.

Yo pienso que muchos de ustedes tengan experiencia en la preparación de los hombres, en la instrucción de los hombres, y pienso que ustedes tienen la seguridad de que, por difíciles que sean las circunstancias, esas misiones que ustedes van a tener como instructores, como maestros, y es posible que incluso como jefes en combates de esos patriotas angolanos, ustedes las van a cumplir correctamente. Dentro de esta situación hay distintos peligros. Les decía antes que tal vez no haya que participar, que los propios actuales combatientes del MPLA dominen esta situación… pero quizás en un momento dado requieran del apoyo directo de ustedes.

Otros peligros potenciales: que las tropas de Zaire intervengan, las tropas regulares invadan el país. En una circunstancia como esa, sin dudas ustedes se verían envueltos en la lucha. Hay noticias, por ejemplo, de que las tropas de África del Sur han penetrado en algunas partes de la frontera por el sur… En una intervención de tropas sudafricanas, tendrían que intervenir.

Una situación menos probable: que la situación interna de Portugal se complique, que elementos reaccionarios y de derecha tomen el poder en Portugal, que traten de mantener el dominio en aquella zona, que traten de intervenir a favor del FNLA o de algunas de esas organizaciones. Eso no es muy probable. Es difícil que nadie convenza a las tropas allí de hacer una guerra. Pero en ese caso hipotético, es casi seguro que las escuelas y los angolanos tendrán que intervenir.

Los compañeros responsables de esta misión y los compañeros del personal político los tendrán a ustedes lo más informado posible acerca del desarrollo de los acontecimientos y de la situación en general: las noticias de lo que esté ocurriendo en Cabinda, en cualquier parte, en cualquier frente, la evolución de la situación internacional.

En esta misión que van a cumplir, no solo debe pensarse que con ello actuamos conforme a nuestros principios, conforme a nuestros deberes de solidaridad internacional, sino que en esta acción de solidaridad estaremos interpretando los sentimientos y los intereses de todos los sectores progresistas del mundo. Si en determinados momentos en África se dice que hay cubanos… desde luego, no va a ser malo. No es que nosotros vayamos a estarlo divulgando, nosotros no lo vamos a divulgar, pero estoy seguro de que el mero hecho de los cubanos junto al MPLA va a inspirar más respeto a los elementos reaccionarios de África. Y hay un gran número de países y gobiernos progresistas que simpatizan y apoyan al MPLA: la Unión Soviética y todos los países de Europa Oriental apoyan al MPLA, Argelia apoya al MPLA, los movimientos revolucionarios de Mozambique y Guinea-Bissau apoyan al MPLA, la mayoría de los países no alineados apoyan al MPLA. De modo que el MPLA representa la causa progresista del mundo en Angola.

Es sumamente importante que Angola no caiga en manos de los reaccionarios y de los colonialistas, porque de las tres colonias portuguesas Guinea-Bissau está en firme, Mozambique está en firme y Angola nosotros podemos ayudar a que esté en firme, en manos revolucionarias. Es de suma importancia que ninguno de esos tres países caiga en manos del colonialismo y de la reacción. Tiene una importancia estratégica para África muy grande. Y si efectivamente Mobutu y los elementos reaccionarios logran controlar Angola, van a tener una posición muy fuerte, la reacción y el imperialismo van a tener una posición muy fuerte en África.

África tiene todavía problemas muy serios. En un futuro tendrá que enfrentarse con los problemas del racismo, con los problemas de África del Sur, que es uno de los más grandes de esos problemas en ese continente. Los dos grandes problemas eran el colonialismo portugués y el racismo de África del Sur, donde unos pocos millones tienen oprimidos a 14 millones de africanos. Ese problema de África del Sur es un problema al cual son muy sensibles todos los pueblos de África.

La consolidación del movimiento revolucionario de Angola fortalece a África progresista. Fortalece a todos los gobiernos revolucionarios de África extraordinariamente y se podría constituir allí una poderosa trinchera frente a África del Sur. Por eso es muy importante salvar la revolución angolana, de gran importancia para África y de gran importancia para el mundo, para el movimiento progresista mundial. Es una tarea de verdadera importancia histórica.

Para nuestras fuerzas armadas, a la vez que cumplimos nuestros deberes revolucionarios, todas estas actividades facilitan el incremento de sus experiencias, de su fuerza y de su espíritu combativo. La brigada que estuvo en Siria, allí pudo adquirir muchas experiencias acerca de la guerra moderna, de las tácticas modernas, de la eficiencia de las distintas armas, una gran experiencia que pasa a ser del dominio de nuestras Fuerzas Armadas Revolucionarias.[4]

Ustedes escogieron el honroso camino de la profesión militar revolucionaria. Estudiaron en las escuelas y en las academias durante muchos años. La misión de nuestras fuerzas armadas trasciende la frontera de nuestro país. Cuando un militar cubano se prepara, se prepara para luchar en Cuba si hace falta. Pero si sus capacidades y sus conocimientos se tienen que emplear junto a un pueblo hermano de América Latina o junto a un pueblo hermano de África o de Asia, sus capacidades estarán dispuestas a emplearse allí donde sea necesario.

Para los hombres que de una forma o de otra participamos en el proceso revolucionario, en la derrota de las fuerzas represivas, en la derrota del viejo ejército, es una gran satisfacción que este nuevo ejército, surgido de las filas de la revolución, tenga este temple y tenga este espíritu. Que los esfuerzos de los combatientes del Moncada y del *Granma* y de la Sierra Maestra se hayan traducido hoy en este magnífico conjunto de los nuevos militares de la Cuba revolucionaria, de los nuevos combatientes de nuestra patria, con esta actitud, con esta generosi-

dad y con este espíritu, con esta disposición de lucha y de sacrificio, con esta noble capacidad de marchar hacia una causa justa que los necesite.

Nosotros nos sentimos orgullosos de ustedes. En realidad, si vamos a decir algo, muchos de los compañeros que estamos aquí presentes, lo que lamentamos es no poder ir con ustedes. Lo que lamentamos es no tener oportunidad de cumplir una misión como esta.

Veo que muchos de ustedes, la inmensa mayoría, son compañeros jóvenes. Esto significará en la vida de ustedes una gran experiencia, una gran oportunidad de cumplir una misión importante, de servir a la causa del movimiento revolucionario mundial, de contraer importantes méritos con la patria.

No vamos a decir que la misión carece de peligro. La misión tiene peligros, tiene riesgos. Según el desarrollo de la situación, pueden ser grandes. Pero estamos seguros de que eso no los impresiona a ustedes, como soldados revolucionarios, como militares que son.

Y al marchar mañana, deben tener presente, en primer término, que todos somos hermanos, que sus padres son nuestros padres, sus hermanos nuestros hermanos y sus hijos nuestros hijos, los hijos de la revolución. Y si alguno de ustedes en cumplimiento de misión perdiera la vida, ningún ser querido quedará abandonado, ningún hijo quedará huérfano. Eso es precisamente lo que representa la revolución, la gran familia de los revolucionarios, lo que representa la patria socialista.

Se nos abrió el porvenir a todos, se nos abrió la oportunidad a todos, se nos abrió la posibilidad de realizar nuestros sentimientos, nuestras aspiraciones y nuestras vocaciones. Se les dio a ustedes la oportunidad de ser militares, de ser oficiales y, lo más hermoso de todo, de ser revolucionarios y de saber que cuando la patria los necesite puede contar con ustedes.

Junto con nuestros sentimientos de afecto y de cariño va con ustedes nuestra confianza, la confianza de nuestro partido y la confianza de nuestras gloriosas Fuerzas Armadas Revolucionarias. Sabemos la calidad de ustedes, la calidad de los hombres que van a cumplir esta misión y estamos absolutamente seguros de que la cumplirán exitosa y victoriosamente.

¡Patria o muerte!

¡Venceremos!

---

4. A petición del gobierno de Siria, Cuba envió un batallón de tanques a ese país en octubre de 1973. En esos momentos, fuerzas sirias y egipcias libraban una guerra contra el ejército israelí para volver a tomar los Altos del Golán y los territorios en el desierto del Sinaí, ocupados por Israel desde la guerra de 1967. Aunque el batallón cubano, que llegó a crecer a un regimiento, no entró en combate, fortaleció las defensas sirias, ayudando a disuadir una mayor agresión israelí. La unidad permaneció en Siria hasta febrero de 1975.

LA SANGRE DE ÁFRICA CORRE POR NUESTRAS VENAS

Fidel Castro
DICIEMBRE DE 1975

Extractos del discurso pronunciado en una concentración de más de un millón de personas en La Habana el 22 de diciembre de 1975, tras la clausura del Primer Congreso del Partido Comunista de Cuba.

…Ahora la manzana de la discordia es Angola. Los imperialistas pretenden prohibirnos que ayudemos a nuestros hermanos angolanos. Pero debemos decirles a los yanquis que no se olviden de que nosotros no solo somos un país latinoamericano, sino que somos también un país latino-africano. [*Aplausos prolongados*]

La sangre de África corre abundante por nuestras venas. [*Aplausos*] Y de África, como esclavos, vinieron muchos de nuestros antecesores a esta tierra. Y mucho que lucharon los esclavos, y mucho que combatieron en el Ejército Libertador de nuestra patria. ¡Somos hermanos de los africanos y por los africanos estamos dispuestos a luchar! [*Aplausos*]

En nuestro país existía la discriminación. ¿Quién no lo sabe? ¿Quién no lo recuerda? En muchos parques, por aquí los blancos y por aquí los negros. ¿Quién no recuerda que a muchos lugares, centros de recreación, escuelas, no dejaban entrar a los descendientes de africanos? ¿Quién no recuerda que en el estudio, en el trabajo y en todos los aspectos existía la discriminación? ¿Y quiénes son hoy los representantes, los símbolos de la más odiosa, de la más inhumana discriminación? Los fascistas y racistas de África del Sur. Y el imperialismo yanqui, sin escrúpulos de ninguna índole, lanzó las tropas mercenarias de África del Sur para aplastar la independencia de Angola, y se indigna de que nosotros apoyemos a Angola, se indigna de que nosotros apoyemos a África, se indigna de que nosotros defendamos a África. ¡Por los deberes que establecen nuestros principios, nuestra ideología, nuestras convicciones y nuestra propia sangre, defenderemos a Angola y defenderemos a África! [*Aplausos y exclamaciones de "¡Cuba, Angola, unidos vencerán!"*] Y cuando nosotros decimos defendemos, lo decimos en serio. Y cuando nosotros decimos luchamos, luchamos en serio. [*Aplausos*]

Que lo sepan los racistas de África del Sur y que lo sepan los imperialistas yanquis. Formamos parte del movimiento revolucionario mundial, y en esa lucha de África frente a los racistas y frente a los imperialistas, sin vacilación alguna, estaremos junto a los pueblos de África. [*Aplausos*]

Hay que ser cínicos para pretender condenar nuestro apoyo a Angola, cuando se marcha sobre ese pueblo heroico del brazo de los fascistas sudafricanos; una región del mundo donde 3 millones de blancos oprimen a 14 millones de negros, y que quieren imponer esa política en Rhodesia [Zimbabwe desde 1979] y la están imponiendo, y la quieren imponer en toda el África negra. Pero África negra no la tolerará, no la resistirá. Es la subestimación de los imperialistas y de los reaccionarios hacia los pueblos; es el hábito de los mercenarios de hacer lo que les da la gana, de marchar con sus tanques y con sus cañones contra pueblos indefensos. Ya lo quisieron hacer aquí en Girón, y eso es lo que quisieron hacer en Angola. ¡Pero los angolanos no estarán indefensos! [*Aplausos*]

Y [el presidente estadounidense Gerald] Ford protesta, y Ford amenaza. O no amenaza, dice que se cancelan las hipotéticas y abstractas posibilidades de un mejoramiento de relaciones. Lo que tiene que hacer Ford es pedirle excusa al Gobierno Re-

---

El texto íntegro de este discurso aparece en el número del 11 de enero de 1976 de *Resumen Semanal Granma*.

volucionario de Cuba por las decenas de crímenes que contra los dirigentes de la Revolución preparó la CIA durante muchos años. [*Aplausos*][1]

Porque el gobierno de Cuba tiene derecho a esperar que el gobierno imperialista de Estados Unidos brinde una explicación y pida excusa por los tenebrosos y macabros asesinatos que preparó contra los dirigentes de la Revolución Cubana, en lo cual dieron prueba de cuán incivilizados son, de cuán bárbaros son y de cuán criminales son. Pusieron la técnica y la ciencia al servicio del asesinato. Y durante años enteros, de una forma inescrupulosa, sucia, indecente, ese estado se dedicó a planear el asesinato de los dirigentes revolucionarios cubanos.[2]

Lo que estamos esperando de Ford no es la cancelación de sus hipotéticas esperanzas o posibilidades de mejoramiento de relaciones con Cuba, sino es una excusa por los bochornosos, aborrecibles, vergonzosos crímenes que el gobierno de Estados Unidos preparó contra los dirigentes de la Revolución Cubana. [*Aplausos y exclamaciones de "¡Fidel, seguro, a los yanquis dales duro!"*]

Nuestro pueblo no ha fallado jamás en el cumplimiento de sus deberes internacionalistas, y nuestro pueblo ha tenido una política consecuente de principios en toda su actuación.

¿Qué creen los imperialistas? ¿Que porque estamos interesados en el progreso social, en el progreso económico, nos vamos a vender porque nos compren un poco de azúcar y comprarles a ellos un poco de bisutería? [*Exclamaciones de "¡No!"*]

¿Qué creen los imperialistas? ¿Acaso no se dan cuenta de que el mundo cambia y que la época del chantaje pasó, que la época de imposiciones a este país pasó? Este país al que una vez le impusieron una Enmienda Platt[3] y después decenas de gobernantes vendidos y traidores. ¿Que a este país de la revolución le van a imponer algo? ¡No! Se equivocan. Y lo hemos planteado: aun cuando las relaciones económicas con Estados Unidos puedan ser útiles a nuestro país, esas relaciones no se restablecerán jamás si es a base de renunciar a un átomo de nuestros principios. [*Aplausos*]

Creemos que en eso está de acuerdo nuestro pueblo entero [*Exclamaciones de "¡Sí!"*]. Y está de acuerdo no solo la presente generación, sino incluso las generaciones venideras.

Y si el imperialismo no puede mejorar las relaciones con Cuba, porque el capitalismo es incapaz de atenerse a normas internacionales; si el capitalismo es incapaz de respetar la libertad y la soberanía de otros pueblos, entonces es un problema de ellos. Que renuncien al capitalismo y resuelvan el problema. Pero ahora no nos van a pedir a nosotros que renunciemos al socialismo, que renunciemos al internacionalismo proletario [*Exclamaciones de "¡No!"*], y que renunciemos a nuestra ideología. [*Exclamaciones de "¡No!"*]

No somos nosotros los que nos oponemos intransigentemente a relaciones normales. Pero si el capitalismo, prepotente, poderoso, no quiere nada, ni hablar, ni mirar para este pequeño país, esperaremos a que desaparezca el capitalismo en Estados Unidos.

Nosotros defendemos la coexistencia pacífica y las relaciones. Si ellos no quieren, ¡allá ellos! Afortunadamente, no los necesitamos para nada. [*Aplausos*]

Queridos compatriotas: hacía tiempo que no nos

1. El 20 de diciembre de 1975, el presidente Gerald Ford amenazó con cesar las conversaciones entre Washington y La Habana sobre las visitas familiares y otras medidas para normalizar las relaciones entre Estados Unidos y Cuba. Dijo que "la acción del gobierno cubano al enviar fuerzas de combate a Angola destruye cualquier oportunidad de mejorar las relaciones con Estados Unidos". En una rueda de prensa el 15 de enero de 1976, el presidente cubano Fidel Castro respondió: "No es que Cuba rechace el ideal de mejorar las relaciones con Estados Unidos… Lo que no aceptamos son las condiciones humillantes, el precio absurdo que Estados Unidos aparentemente nos haría pagar por un mejoramiento de las relaciones". Las conversaciones terminaron en febrero de 1976.

2. Según el Ministerio del Interior de Cuba, entre 1959 y 1999 hubo 637 intentos de asesinato contra Fidel Castro organizados por el gobierno norteamericano o grupos contrarrevolucionarios respaldados por Washington.

3. La Enmienda Platt fue impuesta por el imperialismo norteamericano en la constitución cubana de 1901 durante la ocupación militar de Washington. La "enmienda", que lleva el nombre de un senador estadounidense, establecía el "derecho" de Washington a intervenir en Cuba cuando los gobernantes estadounidenses consideraran necesario garantizar "el mantenimiento de un gobierno adecuado para la protección de vidas, de la propiedad y de la libertad individual". También autorizaba el establecimiento de la hoy infame base naval estadounidense en la Bahía de Guantánamo, la cual hasta la fecha sigue ocupada contra la voluntad del pueblo cubano.

reuníamos en esta plaza. Hoy nos hemos reunido con motivo de un acontecimiento feliz: nuestro Primer Congreso, que ha sido verdaderamente un hecho histórico. Y siempre que nos encontramos en esta tribuna no podemos menos que admirarnos de nuestro pueblo, de su fuerza, de su cohesión, de su entusiasmo, de su ideología.

Nosotros, los privilegiados herederos de las luchas de generaciones de cubanos, hemos tenido más de una vez el placer, la felicidad, de contemplar un espectáculo como este. Más de una vez hemos tenido ocasión de sentir desde lo más profundo de nuestros corazones un infinito sentimiento de cariño y de admiración para nuestro pueblo.

Hoy solo quiero decirles —en esa convicción y en esa confianza de que nuestro camino, ancho y hermoso, se abre por delante— que este acto, este encuentro de hoy entre el partido y las masas, entre el Comité Central y las masas, constituye uno de los acontecimientos más extraordinarios de nuestro proceso revolucionario, y uno de los días más felices de nuestras vidas.

¡Patria o muerte!

¡Venceremos!

ANGOLA: UN GIRÓN AFRICANO

Fidel Castro
ABRIL DE 1976

Extractos de un discurso pronunciado en el teatro Karl Marx en La Habana el 19 de abril de 1976, en la conmemoración del 15 aniversario de la victoria cubana en Playa Girón.

…Al conmemorar este 15 aniversario de la heroica y gloriosa victoria de Girón, nuestro pueblo tiene un motivo adicional de orgullo, que expresa su más hermosa página internacionalista y que tras-

ciende las fronteras de este continente: la histórica victoria del pueblo de Angola, [*Aplausos prolongados*] a la que ofrecimos la generosa e irrestricta solidaridad de nuestra revolución.

En Girón se derramó sangre africana, la de los abnegados descendientes de un pueblo que fue esclavo antes de ser obrero, y fue obrero explotado antes de ser dueño de su patria. Y en África, junto a la de los heroicos combatientes de Angola, se derramó también sangre cubana, la de los hijos de

Arriba: Playa Girón, Cuba, abril de 1961: Milicianos celebran derrota de invasión organizada por Washington. "Angola constituye para los imperialistas yanquis un Girón africano", dijo Fidel Castro en abril de 1976. "Se había escrito una de las más brillantes páginas de la liberación de África negra".

El texto íntegro en inglés se encuentra en *Fidel Castro Speeches: Cuba's Internationalist Foreign Policy 1975–80* (Discursos de Fidel Castro: La política exterior internacionalista de Cuba, 1975–80; Pathfinder, 1981).

"Los que un día esclavizaron al hombre y lo enviaron a América no imaginaron jamás que uno de esos pueblos que recibieron a los esclavos enviaría a sus combatientes a luchar por la libertad en África", dijo Fidel Castro.
Arriba: Fuerzas cubanas y angolanas patrullan zona en Ruacaná, cerca de la frontera con Namibia, donde en marzo de 1976 cruzaron los últimos soldados sudafricanos tras retroceder más de 700 kilómetros.

Martí, Maceo y Agramonte, la de los que heredaron la sangre internacionalista de Máximo Gómez[1] y del Che Guevara. [*Aplausos prolongados*] Los que un día esclavizaron al hombre y lo enviaron a América tal vez no imaginaron jamás que uno de esos pueblos que recibió a los esclavos enviaría a sus combatientes a luchar por la libertad en África.

La victoria de Angola fue hermana gemela de la victoria de Girón. [*Aplausos*] Angola constituye para los imperialistas yanquis un Girón africano. En una ocasión dijimos que el imperialismo sufría sus grandes derrotas en el mes de abril: Girón, Vietnam, Cambodia, etcétera.[2] Esta vez la derrota llegó en marzo. El 27 de ese mes, cuando los últimos soldados sudafricanos, después de una retirada de más de 700 kilómetros, cruzaron la frontera de Namibia, se había escrito una de las más brillantes páginas de la liberación de África Negra.

[El presidente Gerald] Ford y [el secretario de

estado Henry] Kissinger están irritados con la derrota. Y como dos émulos de Júpiter tronante, han proferido tremebundas amenazas contra Cuba.

Ford, en un mitin politiquero de Miami, ansioso de obtener los votos de la gusanera contrarrevolucionaria, en competencia con su rival Reagan —que, dicho sea en justicia, es todavía mucho más reaccionario que él— calificó al primer ministro de Cuba de delincuente internacional, con motivo de la ayuda brindada por nuestro pueblo a Angola. Algunos comentaristas de prensa de Estados Unidos incluso se asombraron de escuchar de la ilustre boca del señor Ford semejantes epítetos. Mas no solo esto, quizás como una ilustración del nivel cultural que ya se va haciendo proverbial en Ford, este declaró en una ocasión que la acción de Cuba en Angola era similar a lo ocurrido en Etiopía en la época de Mussolini.[3] Y más adelante, no conforme todavía con este original símil histórico, la comparó con la desmembración de Checoslovaquia por Hitler cuando Munich.[4]

La guerra de Angola fue en realidad la guerra de Kissinger. Frente al criterio de algunos de sus colaboradores más cercanos, se empeñó en realizar operaciones encubiertas para liquidar al MPLA a través de los grupos contrarrevolucionarios FNLA y UNITA, con el apoyo de mercenarios blancos, Zaire y África del Sur. Se dice que la propia CIA le advirtió que tales operaciones clandestinas no podrían mantenerse en secreto. Aparte de que el FNLA fue apoyado por la CIA desde su fundación, hecho que ha sido ya reconocido públicamente, Estados Unidos desde la primavera de 1975 invirtió decenas de millones de dólares en abastecer de armas e instructores a los grupos contrarrevolucionarios y escisionistas de Angola. Tropas regulares de Zaire, instigadas por Estados Unidos, entraron en el territorio de Angola desde el verano de ese mismo año, mientras fuerzas militares de África del Sur ocupaban la zona de Cunene el mes de agosto y enviaban armas e instructores a las bandas de la UNITA.

Por ese tiempo no había un solo instructor cu-

1. Ver el glosario: José Martí, Antonio Maceo, Ignacio Agramonte, Máximo Gómez y Ernesto Che Guevara.

2. Una invasión organizada por Washington fue derrotada en Playa Girón el 19 de abril de 1961. Las dictaduras respaldadas por Washington en Vietnam del Sur y Cambodia cayeron en abril de 1975 y el personal norteamericano huyó de ambos países.

3. En octubre de 1935, tropas del gobierno fascista italiano de Mussolini invadieron y ocuparon Etiopía.

4. En marzo de 1939, tropas alemanas ocuparon Checoslovaquia tras la firma, seis meses antes, del pacto de Munich con los gobiernos de Gran Bretaña, Francia e Italia.

Celebración de la independencia de Angola en Cabinda, diciembre de 1975, después de la derrota de la invasión por tropas del régimen respaldado por Washington en Zaire.

bano en Angola. La primera ayuda material y los primeros instructores cubanos llegaron a Angola a principios de octubre a solicitud del MPLA, cuando Angola estaba siendo ya invadida descaradamente por fuerzas extranjeras. Sin embargo, ninguna unidad militar cubana había sido enviada a Angola a participar directamente en la contienda ni estaba proyectado hacerlo.

El 23 de octubre [de 1975], instigadas igualmente por Estados Unidos, tropas regulares del ejército de África del Sur, apoyadas por tanques y artillería, partiendo de las fronteras de Namibia invadieron el territorio de Angola y penetraron profundamente en el país, avanzando de 60 a 70 kilómetros por día. El 3 de noviembre habían penetrado más de 500 kilómetros en Angola, chocando con la primera resistencia en las proximidades de Benguela, que le ofrecieron el personal de una escuela de reclutas angolanos recién organizada y sus instructores cubanos, que virtualmente no disponían de medios para contener el ataque de los tanques, la infantería y la artillería sudafricanas.

El 5 de noviembre de 1975, a solicitud del MPLA, la dirección de nuestro partido decidió enviar con toda urgencia un batallón de tropas regulares con armas antitanque [*Aplausos*] para apoyar a los patriotas angolanos en su resistencia a la invasión de los racistas sudafricanos. Esta fue la primera unidad de tropas cubanas enviadas a Angola. Cuando arribó al país, por el norte los intervencionistas

extranjeros estaban a 25 kilómetros de Luanda, su artillería de 140 milímetros bombardeaba los alrededores de la capital y los fascistas sudafricanos habían penetrado ya más de 700 kilómetros por el sur desde las fronteras de Namibia, mientras Cabinda era defendida heroicamente por los combatientes del MPLA con un puñado de instructores cubanos.

No pretendo hacer un relato de los acontecimientos de la guerra de Angola, cuyo ulterior desarrollo es a grandes rasgos de todos conocido, sino señalar la oportunidad, la forma y las circunstancias en que se inició nuestra ayuda. Estos hechos son rigurosamente históricos.[5]

El enemigo ha hablado de cifras de cubanos en Angola. Baste decir que una vez entablada la lucha, se enviaron los hombres y las armas necesarias para concluirla victoriosamente. [*Aplausos*] En honor a nuestro pueblo, debemos decir que cientos de miles de combatientes de nuestras tropas regulares y reservistas estaban dispuestos a luchar junto a sus hermanos angolanos. [*Aplausos*]

Nuestras bajas fueron mínimas. A pesar de que la guerra se libró en cuatro frentes y nuestros combatientes participaron junto a los heroicos soldados del MPLA en la liberación de casi un millón de kilómetros cuadrados [*Aplausos*] que habían sido ocupados por los intervencionistas y sus secuaces, murieron en las acciones de Angola, que duraron más de cuatro meses, menos soldados cubanos que en los tres días de combate de Girón. [*Aplausos*][6]

La decisión cubana fue absolutamente bajo su responsabilidad. La URSS, que siempre ayudó a los pueblos de las colonias portuguesas en su lucha por la independencia y le brindó a la Angola agredida una ayuda fundamental en equipos militares y colaboró con nuestros esfuerzos cuando el imperialismo nos había cortado prácticamente todas las vías de acceso por aire a África, jamás solicitó el envío de un solo cubano a ese país. La URSS es extraordina-

---

5. Un relato completo de esta etapa de la misión cubana en Angola se encuentra en "Operación Carlota", pp. 125–37.

6. Murieron 157 combatientes cubanos al derrotar la invasión de abril de 1961 en Playa Girón.

riamente respetuosa y cuidadosa en sus relaciones con Cuba. Una decisión de esa naturaleza solo podía tomarla nuestro propio partido. [*Aplausos*]

Ford y Kissinger mienten al pueblo norteamericano y a la opinión mundial cuando pretenden responsabilizar a la Unión Soviética con las acciones solidarias de Cuba en Angola.

Ford y Kissinger mienten cuando se empeñan en culpar al Congreso de Estados Unidos de la derrota de los intervencionistas en Angola, por no autorizar nuevos fondos a las bandas contrarrevolucionarias del FNLA y de la UNITA. Tales medidas del Congreso se produjeron los días 16, 18 y 19 de diciembre. Para esa fecha la CIA había suministrado ya cuantiosas sumas en armas, las tropas de Zaire habían sido rechazadas en Luanda, Cabinda había sido salvada, los sudafricanos estaban contenidos y desmoralizados en las márgenes del río Queve [cerca de Sumbe] y ningún envío de armas de la CIA habría cambiado ya el curso inexorable de los acontecimientos. Hoy estarían en manos de las fuerzas revolucionarias, como muchas de las que suministró con anterioridad.

Ford y Kissinger mienten al pueblo de Estados Unidos, y en especial a la población negra de ese país, cuando ocultan el hecho de que las tropas fascistas y racistas de Sudáfrica invadieron criminalmente el territorio de Angola mucho antes de que Cuba enviara allí ninguna unidad regular de soldados.

Hay algunas otras mentiras de Ford y Kissinger con relación a Angola que no es el caso a analizar ahora. Ford y Kissinger saben perfectamente que cuanto digo es verdad.

No voy a señalar en este solemne acto el calificativo que merecen los insolentes epítetos de Ford en sus campañas politiqueras por el sur de Estados Unidos y otros cínicos hechos de su política imperial. Me basta, por ahora, con responderle que es un vulgar mentiroso. [*Aplausos*]

En Angola ocurrió ciertamente lo de Etiopía, pero al revés. En este caso, los imperialistas, los racistas, los agresores simbolizados por la CIA, las tropas sudafricanas y los mercenarios blancos no obtuvieron la victoria ni ocuparon el país. La victoria fue de los agredidos, los revolucionarios, el pueblo negro y heroico de Angola. [*Aplausos*]

En Angola ocurrió lo de Checoslovaquia cuando lo de Munich, pero también al revés. El pueblo agredido recibió la solidaridad del movimiento revolucionario, y los imperialistas y los racistas no pudieron desmembrar al país, ni repartirse sus riquezas, ni asesinar a sus mejores hijos. Angola está unida, integrada y es hoy un baluarte de la libertad y la dignidad en África. La esvástica de los racistas de Sudáfrica no ondea en el palacio de Luanda. [*Aplausos*]

Estudiar un poco de historia verdadera y sacar las conclusiones correctas de sus lecciones, es lo que aconsejamos al señor Ford.

Con la derrota imperialista en Angola, al señor Kissinger apenas le alcanza el tiempo para correr de un lado a otro azuzando el temor a la Revolución Cubana. Hace unos días recorrió media docena de países latinoamericanos y ahora anuncia un nuevo recorrido por numerosos países de África, un continente al que ni siquiera se dignó mirar antes de su Girón africano.

Ningún país de América Latina, sea cual fuere su régimen social, tendrá nada que temer de las fuerzas armadas de Cuba. Es nuestra más profunda convicción de que cada pueblo debe ser libre de construir su propio destino; que cada pueblo y solo el pueblo de cada país debe hacer y hará su propia revolución. No ha pensado jamás el gobierno de Cuba llevar la revolución a ninguna nación de este hemisferio con las armas de sus unidades militares. Sería absurda y ridícula semejante idea. Ni es Cuba quien arrebató a México la mayor parte de su territorio, ni desembarcó 40 mil infantes de marina para aplastar la revolución en Santo Domingo, ni ocupa un pedazo del territorio panameño, ni oprime a un país latino en Puerto Rico, ni planifica asesinatos de dirigentes extranjeros, ni explota las riquezas y recursos naturales de pueblo alguno en este hemisferio.

Ningún país de África negra tiene nada que temer del personal militar cubano. Somos un pueblo latino-africano, enemigo del colonialismo, el neocolonialismo, el racismo y el apartheid, a los que protege y apaña el imperialismo yanqui.

Se dice que Kissinger quiere reunirse en África con los representantes de los movimientos de liberación de ese continente. Cualquier cosa es posible también en África negra después del Girón de Angola. [*Aplausos*] ¿Pero qué clase de hipócritas, cínicas y farisaicas palabras puede dirigirles Kissinger a los movimientos de liberación de África, a los re-

"Ningún país de África negra tiene nada que temer del personal militar cubano. Somos un pueblo latino-africano, enemigo del colonialismo, del racismo y del apartheid, a los que protege y apaña el imperialismo yanqui".

—Fidel Castro, abril de 1976

GRANMA

Arriba: Conakry, Guinea, marzo de 1976. Desde la derecha, el presidente angolano Agostinho Neto; Fidel Castro; el presidente de Guinea, Sékou Touré; y el presidente de Guinea-Bissau, Luis Cabral. Estaban coordinando esfuerzos para derrotar agresión de Sudáfrica a Angola. **Abajo:** Soldados cubanos y angolanos celebran victoria en repeler a tropas zairenses y del FNLA, apoyadas por Washington, hasta la frontera norte, abril de 1976.

presentantes de los pueblos oprimidos de Rhodesia, Namibia y Sudáfrica: él que representa al imperio que apoyó sin escrúpulo alguno al colonialismo portugués y hoy protege, apaña y apoya con medios económicos y políticos a los racistas sudafricanos y rhodesianos, violando descaradamente los acuerdos y resoluciones de las Naciones Unidas?

Ford y Kissinger poseen el hábito inveterado del chantaje y la amenaza como instrumento de política exterior. No están lejanos los días en que amenazaron con medios militares a los países petroleros. Ahora utilizan el mismo lenguaje cínico y desvergonzado contra Cuba. No son los primeros gobernantes yanquis que intentan inútilmente estas prácticas intimidatorias contra nuestra patria. Eisenhower, Kennedy, Johnson y Nixon: todos trataron de intimidar a Cuba. Todos, sin excepción, subestimaron la Revolución Cubana y todos se equivocaron. [*Aplausos*] A Cuba no se le puede intimidar con amenazas bélicas. Una guerra contra Cuba se sabe cuándo y cómo puede empezar; eso lo pueden decidir cuatro dementes. Pero lo que no se sabe es cuándo y cómo puede terminar. [*Aplausos prolongados*]

Solo pueden ser intimidados los pueblos que no tienen dignidad. Nosotros vivimos ya la Crisis de Octubre de 1962, y decenas de armas atómicas apuntando contra Cuba no hicieron vacilar en nuestra patria, ni siquiera a los niños. [*Aplausos*] A las amenazas de Kissinger el pueblo de Cuba puede responder con aquellos versos de una poesía clásica española:

> *Y si caigo,*
> *¿qué es la vida?*
> *Por perdida*
> *ya la di,*
> *cuando el yugo*
> *del esclavo*
> *como un bravo*
> *sacudí.* [7]
> [Aplausos]

Los imperialistas yanquis poseen cientos de miles de soldados en el extranjero; poseen bases militares en todos los continentes y en todos los mares. En Corea, Japón, Filipinas, en Turquía, Europa Occidental, Panamá y otros muchos sitios, se cuentan por decenas y cientos sus instalaciones militares. En la propia Cuba ocupan por la fuerza un pedazo de nuestro territorio.

¿Qué derecho moral y legal tienen a protestar de que Cuba facilite instructores y asistencia en la preparación técnica de sus ejércitos a países de África y otras áreas del mundo subdesarrollado que así lo soliciten?

¿Qué derecho tienen a impugnar la ayuda solidaria que brindamos a un pueblo hermano de África criminalmente agredido como Angola?

Duele a los imperialistas que Cuba, el país agredido y bloqueado, al que hace 15 años quisieron destruir con una invasión mercenaria, sea hoy un sólido e inexpugnable baluarte del movimiento revolucionario mundial cuyo ejemplo de valentía, dignidad y firmeza es un aliento en la lucha de los pueblos por su liberación. [*Aplausos*]

Por otro lado, nuestra acción revolucionaria no se libra al margen de la correlación mundial de fuerzas ni de los intereses de la paz internacional. No somos enemigos de la distensión ni de la coexistencia pacífica entre los estados de diferentes sistemas sociales, basadas en el acatamiento irrestricto a las normas del derecho internacional. Estaríamos dispuestos, incluso, a mantener relaciones normales con Estados Unidos sobre la base del respeto mutuo y la igualdad soberana, sin renunciar a uno solo de nuestros principios y sin dejar de luchar para que en la esfera internacional las normas de convivencia pacífica y el respeto a los derechos de cada nación se apliquen, sin exclusión, a todos los pueblos del mundo.

Estados Unidos ocupa en Guantánamo un pedazo de nuestro territorio. Estados Unidos mantiene hace más de 15 años un bloqueo criminal contra nuestra patria. Cuba no se plegará jamás ante esta política imperialista de hostilidad y fuerza y luchará contra ella incansablemente. Hemos dicho que no puede haber negociaciones mientras haya bloqueo. Nadie puede negociar con un puñal en el pecho. No importa si estamos 20 años más sin relaciones con Estados Unidos. [*Aplausos*] Hemos aprendido a vivir sin ellas y apoyándonos en nuestra sólida e indestructible amistad con la URSS. [*Aplausos*] Hemos avanzado más en estos años que cualquier otro país de América Latina. Si el comercio con Estados Unidos pudiera significar, tal vez,

---

7. De "La canción del pirata", de José de Espronceda (1808–42).

algunas ventajas y un ritmo algo más rápido de desarrollo, preferimos marchar más despacio pero con la frente en alto y las banderas de la dignidad absolutamente desplegadas. [*Aplausos prolongados*]

No cambiaremos la primogenitura revolucionaria, que nos da el hecho de ser la primera revolución socialista en el hemisferio occidental, por un plato de lentejas. [*Aplausos*]

NOS JUGAMOS TODO EN ANGOLA

Fidel Castro
DICIEMBRE DE 1988

La victoria de las fuerzas cubanas y angolanas en la batalla de Cuito Cuanavale, que duró cuatro meses (de noviembre de 1987 a marzo de 1988), obligó a Sudáfrica a retroceder de Angola y, como lo expresó Fidel Castro, "rompió el espinazo" del ejército sudafricano. Su relato, del cual se reproduce aquí un fragmento, se presentó ante una concentración de medio millón de personas en La Habana el 5 de diciembre de 1988.

…Considero que en los últimos 12 meses, en el último año, nuestro país escribió una de las páginas más valientes, más extraordinarias de espíritu internacionalista.

Ello comenzó hace menos de 13 meses, con la crisis que se presentó en la República Popular de Angola. Fueron momentos verdaderamente serios, fue una situación particularmente difícil, por distintas razones. Llevábamos ya alrededor de 12 años cumpliendo nuestra misión internacionalista en ese hermano país. Fuimos fieles a los compromisos a lo largo de esos años, en que se mantuvo nuestra presencia en Angola, no para participar en la contienda interna, puesto que los problemas internos de cada país debe resolverlos cada país. Nuestra presencia era como un escudo frente a la amenaza sudafricana, que fue la que originó nuestra presencia en Angola en el año 1975, a solicitud de la dirección de ese país.

Ya una vez obligamos a retroceder a los sudafricanos hasta la misma frontera, en 1976. Ese año habíamos acumulado grandes fuerzas que después comenzamos a retirar. Cuando ya se había retirado aproximadamente la mitad del total de las fuerzas que habíamos reunido en el año 1976, empezaron de nuevo las intervenciones de la Sudáfrica racista y fascista en Angola.

Nosotros cuidábamos en el sur de ese país una línea estratégica, establecida de acuerdo con la topografía del terreno y de acuerdo con las comunicaciones requeridas para la defensa. Esa línea se extendía desde el mar hacia el este; primero alcanzaba unos 300 kilómetros, después alcanzó alrededor de 700 —habría que precisar la cifra exacta— pero llegábamos desde Namibe en la costa hasta Menongue en el interior del país, hacia el este. Estábamos a unos 250 kilómetros, aproximadamente, [al norte] de la frontera con Namibia, y los sudafricanos llevaban a cabo sus acciones sin llegar nunca a nuestras líneas; intervenían en ese espacio que estaba entre nuestras líneas y la frontera. Su acción principal consistía en llevar a cabo la guerra sucia contra Angola, armando grupos contrarrevolucionarios, asociados en esto a Estados Unidos.

Esta situación duró años, pero en todo ese período la correlación de fuerzas favorecía a los sudafricanos. Nuestras fuerzas eran suficientes para defender aquella línea, pero no para impedir las intervenciones sudafricanas en una parte del territorio de Angola. Y digo que esa situación se prolongó durante años hasta 1987, en que se produjo la crisis de que hablaba.

Esta crisis se origina en una ofensiva organizada por las Fuerzas Armadas Populares de Liberación de Angola (FAPLA) contra la UNITA en un territorio situado al sudeste de Angola, muy distante del extremo oriental de nuestra línea. En esa ofensiva no participaban ni participaron nunca los cubanos. Y no era la primera; otra ofensiva se había hecho

El discurso aparece íntegramente en inglés en Fidel Castro, *In Defense of Socialism: Four Speeches on the 30th Anniversary of the Cuban Revolution* (En defensa del socialismo: Cuatro discursos en el 30 aniversario de la Revolución Cubana; Pathfinder, 1989).

en 1985, a partir de un punto hoy conocido por Cuito Cuanavale.

Cuito Cuanavale estaba a 200 kilómetros al este del último punto de la línea cubana, a 200 kilómetros de Menongue. Desde allí se hizo la ofensiva de las FAPLA, en 1985, contra la UNITA, hacia el sureste. Cuando ya habían avanzado alrededor de 150 kilómetros en aquella apartada región, se produjo la intervención de las tropas sudafricanas, muy lejos de nuestras líneas, a 350 kilómetros del último punto de nuestras líneas, y obligaron a retroceder a las FAPLA.

A decir verdad, teníamos nuestras opiniones so-

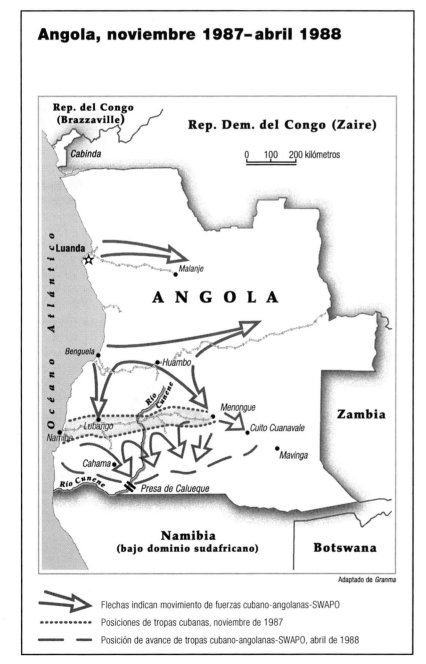

Angola, noviembre 1987– abril 1988

Rep. del Congo (Brazzaville)

Rep. Dem. del Congo (Zaire)

Cabinda

0   100   200 kilómetros

Luanda

Malanje

A N G O L A

Benguela

Huambo

Río Cunene

Menongue

Cuito Cuanavale

Zambia

Lubango

Namibe

Cahama

Mavinga

Río Cunene

Presa de Calueque

Namibia
(bajo dominio sudafricano)

Botswana

Adaptado de *Granma*

Flechas indican movimiento de fuerzas cubano-angolanas-SWAPO

Posiciones de tropas cubanas, noviembre de 1987

Posición de avance de tropas cubano-angolanas-SWAPO, abril de 1988

bre esas operaciones, y uno de nuestros puntos de vista era que no se podían realizar esas ofensivas sin contar con la intervención sudafricana. Teníamos puntos de vista muy claros, muy precisos y muy categóricos sobre la cuestión.

En 1986 no se produjeron ese tipo de ofensivas.

Nosotros decíamos: si se quieren desarrollar ofensivas en esa dirección dentro del territorio angolano —lo cual es un derecho del gobierno angolano, un derecho irrenunciable— hay que crear las condiciones apropiadas para prohibirle a Sudáfrica intervenir. ¡Hay que crear las condiciones apropiadas para impedirle a Sudáfrica intervenir! Y nosotros les decíamos a los que aconsejaban esas operaciones que no se podían llevar a cabo si no se creaban las condiciones para prohibirle a Sudáfrica intervenir.

Nuestros puntos de vista fueron escuchados en 1986, pero, desgraciadamente, no fueron lo suficientemente escuchados en 1987, y las cosas ocurrieron exactamente como habíamos previsto. En un momento dado y en aquellos apartados rincones del este de Angola, cuando se desarrollaba exitosamente la ofensiva de las FAPLA contra la UNITA, intervinieron de nuevo los sudafricanos con artillería, tanques, aviación y tropas.

Pero en el año 1987 no se limitaron a una intervención para frenar a las FAPLA. Esa intervención se produjo en el año 1987 —como ya había ocurrido en 1985— al norte de Mavinga. Mavinga es un lugar tan distante que ni siquiera nuestros aviones de combate ubicados en Menongue lo podían alcanzar. Esta vez, decía, no se limitaron los sudafricanos a rechazar la ofensiva, sino que avanzaron en persecución de las FAPLA en dirección a Cuito Cuanavale e intentaron destruir la mayor y mejor agrupación de tropas angolanas. Cuito Cuanavale, repito, está a 200 kilómetros al este de Menongue, extremo oriental de nuestra línea. Allí los sudafricanos intentaron decidir, a su favor y a favor de la UNITA, la guerra contra Angola.

Desde luego, aquel lugar distante

"Para Cuito Cuanavale se acumuló realmente una fuerza potente. En nuestras manos estaba el dominio del aire, antiaéreo y terrestre... ¡No se le ofreció al enemigo una sola oportunidad!"

—*Fidel Castro, diciembre de 1988*

BOHEMIA

BOHEMIA

Arriba, derecha: Pilotos cubanos de cazas MiG-23 (desde la izquierda): Alberto Rafael Ley, Humberto Trujillo y Antonio Rojas. **Arriba, izquierda:** Escombros de avión sudafricano de fabricación francesa Mirage F-1 derribado por baterías antiaéreas cubanas y angolanas cerca de Menongue, febrero de 1988. **Centro:** Soldados cubanos y angolanos descargan pieza de artillería de un avión de carga IL-86 de fabricación soviética, parte de la línea de abastecimiento entre Menongue y Cuito Cuanavale. **Derecha:** Caravana con suministros rumbo a Cuito Cuanavale.

no era el lugar ideal para grandes batallas. Allí la logística y los suministros se hacían muy difíciles. Para llegar desde Menongue hasta Cuito Cuanavale había que recorrer 200 kilómetros dentro del bosque. Es decir, el enemigo había escogido el campo de batalla que más le convenía.

Al crearse aquella situación —situación que se desarrolló realmente porque no se tomaron en cuenta nuestros puntos de vista militares, situación difícil que podía resultar decisiva— entonces todo el mundo nos pidió que actuáramos, que tratáramos de impedir que allí ocurriera un desastre. Todo el mundo nos lo pidió y todo el mundo esperaba que Cuba resolviera la situación.

Pero realmente, y de acuerdo a nuestra apreciación, las tropas cubanas y los medios disponibles en Angola no eran suficientes para resolver aquella situación, no eran suficientes. No había tropas y medios suficientes para defender una línea de más de 700 kilómetros y, además, avanzar entre el bosque 200 kilómetros hacia el este para enfrentar el problema. Corríamos el riesgo de hacernos fuertes allí y débiles en los otros puntos, el riesgo de caer en una gran trampa.

Por eso, desde el primer momento vimos clara la situación. Sacamos la conclusión de que, aunque aquel problema podía tener solución, para ello era indispensable reforzar las tropas y aplicar una concepción militar adecuada. El principio era: no se deben librar batallas decisivas en el terreno escogido por el enemigo. Hay que dar las batallas decisivas en el terreno escogido por las fuerzas propias y golpear al enemigo en lugares sensibles, verdaderamente estratégicos.

Esta situación de crisis se presentó a mediados de noviembre. Acababa yo de regresar de la Unión Soviética, donde había asistido al 70 aniversario [de la Revolución de Octubre]. A los pocos días de estar aquí empezaron a llegar las noticias de Angola: la situación se había hecho muy crítica, los sudafricanos estaban en las inmediaciones de Cuito Cuanavale, la amenaza era grave, no se podía perder un minuto.

Fue el 15 de noviembre de 1987 que, reunidos con el estado mayor de nuestras Fuerzas Armadas Revolucionarias, tomamos la decisión política y la decisión militar de enfrentar la situación y adoptar las medidas que fuesen necesarias. Otra cosa habría conllevado a la probable aniquilación de la mejor agrupación de tropas angolanas, tras lo cual las consecuencias habrían sido imprevisibles para la supervivencia de la República Popular de Angola. Habría podido presentarse, incluso, una situación complicada para nuestras tropas. Es por ello que, después de pensarlo detenidamente, la dirección de nuestro partido tomó la decisión de reforzar las tropas y ayudar a resolver aquel grave problema que se había creado.

Pero todo no era tan sencillo, todo no era tan simple. En el terreno político había una situación compleja. El 7 de diciembre se reunirían en Washington el compañero Gorbachov con el presidente Reagan para discutir importantes temas relacionados con la paz internacional.[1] Era el peor momento para una decisión de esa naturaleza. La acción de Cuba podía considerarse inconveniente y la cuestión era: o se toma la decisión, o se afrontan las consecuencias de permitir a los sudafricanos actuar impunemente y decidir militarmente la lucha en Angola.

A decir verdad, la dirección de nuestro partido y la dirección de nuestras Fuerzas Armadas Revolucionarias no vacilaron ni un instante. Se tomó la decisión correcta —fecha exacta— el 15 de noviembre de 1987. Lo primero que hicimos fue trasladar hacia Angola los pilotos más experimentados de nuestra fuerza aérea, para que empezaran a actuar desde el aire, a partir de la base de Menongue, contra las tropas sudafricanas que asediaban a Cuito Cuanavale. Simultáneamente, se seleccionaron y se comenzó el envío desde Cuba de las unidades de combate y las armas necesarias para dar una respuesta a aquella situación, las necesarias para hacer fracasar los planes enemigos.

Ya el empleo de la aviación empezó a surtir un efecto determinado, pero no era suficiente. Fue necesario enviar por aire un grupo de asesores, de oficiales y de cuadros a Cuito Cuanavale; además, artilleros, tanquistas, técnicos en armas y equipos, que en número de alrededor de 200 se trasladaron hacia aquel punto para apoyar, principalmente desde el punto de vista técnico y de asesoramiento, a las fuerzas angolanas. Pero aquello no era suficiente, y fue necesario enviar por tierra,

---

1. Mijaíl Gorbachov, secretario general del Partido Comunista de la Unión Soviética, llegó a Estados Unidos el 7 de diciembre de 1987 para reunirse con el presidente Ronald Reagan. En la cumbre firmaron un tratado para reducir las armas nucleares de mediano alcance.

"En Cuito Cuanavale realmente se rompieron los dientes los sudafricanos".

—*Fidel Castro, diciembre de 1988*

GRANMA

Arriba: El general de división cubano Leopoldo Cintra Frías, comandante de las fuerzas cubanas y angolanas, inspecciona tanque sudafricano Olifant capturado en combate cerca de Cuito Cuanavale, 23 de marzo de 1988.

Centro: Después de su derrota en Cuito Cuanavale, el gobierno sudafricano pidió la paz. En esta foto, en sede de Naciones Unidas en Nueva York, diciembre de 1988, firman acuerdo que puso fin a la guerra y reconoció la independencia de Namibia. En la mesa (de izq. a der.): los ministros sudafricanos de defensa y del exterior Magnus Malan y Pik Botha; el secretario general de la ONU Javier Pérez de Cuéllar; el secretario de estado norteamericano George Shultz; el ministro del exterior angolano Alfonso Van Dunem; el embajador angolano ante Estados Unidos, Antonio dos Santos Franca; el ministro del exterior cubano Isidoro Malmierca y el general cubano Abelardo Colomé.

Abajo: Namibios celebran acuerdos tripartitas que reconocieron independencia de su país, 1988.

recorriendo aquellos 200 kilómetros, unidades de tanques, artillería e infantería blindada. La cuestión era asegurar a Cuito Cuanavale, impedir que el enemigo aniquilara a la agrupación de tropas angolanas y tomara aquel punto, que se estaba convirtiendo en un símbolo de la resistencia y del éxito o del fracaso de Sudáfrica.

Así se desarrolló —y no he mencionado más que una parte— el proceso de aquella lucha. No intentábamos llevar a cabo allí una batalla decisiva. Junto a Cuito Cuanavale, que es una cabecera municipal, está el río Cuito. Allí había un puente, y el enemigo, con métodos sofisticados, empleando aviones teleguiados logró al fin interrumpir el puente. De modo que una parte de la fuerza angolana estaba del otro lado del río, sin puente, y otra parte estaba al oeste, donde se encuentra, precisamente, el pueblo de Cuito Cuanavale.

Era compleja la situación, pero tenía remedio, y había que ponerle remedio sin darle oportunidad al enemigo de una batalla decisiva allí. Había que frenarlo, había que pararlo, había que evitar que destruyera la agrupación de tropas angolanas y que tomara Cuito Cuanavale. Una explicación con más detalles tendría que ser en otras circunstancias, en otra oportunidad, quizás tarea de escritores y de historiadores, todo lo que allí ocurrió y cómo se desarrollaron los acontecimientos.

El gobierno de Angola nos había asignado la responsabilidad de la defensa de Cuito Cuanavale, y se tomaron todas las medidas necesarias, no solo para frenar a los sudafricanos, sino para convertir Cuito Cuanavale en una trampa, ¡en una trampa!, contra la que se estrellaron las tropas sudafricanas.

Allí en Cuito Cuanavale, realmente, se rompieron los dientes los sudafricanos, y todo esto con un mínimo de bajas, —¡un mínimo de bajas!— por parte de las fuerzas propias, angolanas y cubanas.

Se empeñaron en la acción y fracasaron rotundamente. Pero la estrategia cubano-angolana no era simplemente frenar al enemigo en Cuito Cuanavale, sino concentrar las fuerzas y medios suficientes al oeste de nuestras líneas, para avanzar hacia el sur y amenazar puntos claves de las fuerzas sudafricanas.

La idea esencial era frenarlos en Cuito Cuanavale y golpearlos por el suroeste. Se acumularon fuerzas suficientes para amenazar seriamente lugares de importancia estratégica para Sudáfrica y propinarle contundentes golpes, en el terreno escogido por nosotros, no por el enemigo. [*Aplausos*]

Nuestras fuerzas avanzaron hacia el sur por el oeste, en número y con medios suficientes para cumplir su misión. Bastaron unos cuantos choques de la exploración, y el golpe aéreo contundente sobre sus posiciones en Calueque para que los sudafricanos se dieran cuenta de la tremenda fuerza que tenían delante, y este cambio en la correlación de fuerzas fue lo que abrió el camino de las negociaciones. Nadie vaya a pensar que esto ocurrió por casualidad.

Ya venían hacía tiempo los norteamericanos reunidos con los angolanos, presentándose como intermediarios entre angolanos y sudafricanos para buscar una solución de paz, y así transcurrieron años. Pero mientras se producían estas supuestas negociaciones por intermedio de los norteamericanos, los sudafricanos habían intervenido y habían tratado de resolver militarmente la situación en Angola. Y lo habrían tal vez logrado de no haberse producido el esfuerzo realizado por nuestro país.

El hecho es que la correlación cambió radicalmente. Los sudafricanos habían sufrido en Cuito Cuanavale una derrota contundente, y lo peor

GRANMA

El poblado de Cuito Cuanavale, donde se propinó una aplastante derrota a las fuerzas sudafricanas en marzo de 1988.

para ellos estaba por llegar. Se pusieron a jugar con candela, a decir verdad, y encontraron candela. [*Aplausos*]

Quizás nunca en esta historia de más de 12 años se habían visto frente a un peligro mayor. Cuando en el año 1976 llegamos hasta la frontera de Namibia, teníamos hombres, teníamos un buen número de tanques y cañones, pero no teníamos aviación, ni cohetería antiaérea, ni muchos de los medios con que disponemos hoy.

Debo decir que en la batalla de Cuito Cuanavale nuestros pilotos se llenaron de gloria, escribieron páginas verdaderamente extraordinarias. [*Aplausos*] Llevaron a cabo un puñado de pilotos, en unas pocas semanas, cientos y cientos de misiones. Se hicieron del dominio del aire con los MiG-23, y realmente hay que decir que realizaron una gran hazaña. Eso fue un factor importante.

Para Angola enviamos no solo nuestros mejores pilotos. Enviamos nuestras mejores armas antiaéreas, una gran cantidad de medios antiaéreos portátiles, una buena cantidad de artillería coheteril antiaérea. Reforzamos nuestros medios de combate aéreo; se enviaron cuantos tanques, transportadores blindados y piezas artilleras fueron necesarios.

Mencioné a los pilotos, pero sería justo mencionar el comportamiento de nuestros tanquistas, de nuestros artilleros, de nuestro personal de la defensa antiaérea y de la infantería, de nuestros exploradores, de nuestros zapadores. [*Aplausos*] Ellos organizaron y ayudaron a crear infranqueables campos de minas, donde se estrellaron los tanques sudafricanos en Cuito Cuanavale. [*Aplausos*] El éxito fue resultado de la acción coordinada de las distintas armas allí, en estrecha relación con las tropas angolanas, que realmente allí, en ese empeño común, actuaron con un heroísmo extraordinario y con gran eficiencia.

En las batallas que se libraron, en los combates al este del río, se distinguió especialmente la 25 Brigada de Infantería angolana. Fue una lucha común, un mérito común y una gloria común. [*Aplausos*]

En Cuito Cuanavale la mayor parte de las fuerzas eran angolanas. Y en nuestro avance hacia el sur, que hicimos también en común, la mayor parte de las fuerzas eran cubanas. [*Aplausos*]

Se acumuló realmente una fuerza potente. En nuestras manos estaba el dominio del aire, el dominio antiaéreo y el dominio terrestre. Fuimos muy cuidadosos en la protección antiaérea de las tropas, por cuanto —aunque la aviación sudafricana se desapareció del aire después que recibió algunas buenas lecciones de parte de nuestros medios antiaéreos— siempre avanzaron las tropas y siempre ocuparon sus posiciones con el máximo de protección antiaérea, que estaban y están todavía en constante estado de alerta, en previsión de cualquier ataque sorpresivo. Habíamos analizado bien las experiencias de las últimas guerras y no se le ofreció al enemigo una sola oportunidad, ¡una sola oportunidad! [*Aplausos*]

No solo por las medidas que se tomaron en el terreno, la fortificación del terreno, los medios antiaéreos, los medios aéreos. Se realizaron proezas constructivas. En cuestión de semanas se construyó un aeropuerto de combate, una base aérea, con lo cual nuestra aviación avanzó más de 200 kilómetros y amenazaba seriamente puntos neurálgicos de las tropas sudafricanas. No hubo improvisación, no hubo aventuras, no hubo descuidos. El enemigo se percató no solo de que estaba frente a fuerzas muy poderosas, sino también muy experimentadas.

De esta forma se crearon las condiciones que dieron oportunidad a las negociaciones que se han ido desarrollando y que, incluso, han ido avanzando en los últimos meses. Un cambio radical en la situación política, diplomática y militar.

En estas negociaciones Estados Unidos ha estado actuando como mediador. Se puede poner "mediador" entre comillas, y, al poner mediador entre comillas no le niega cierto aspecto positivo en su actuación diplomática en estas negociaciones. Digo "mediador" entre comillas, porque ellos son aliados de la UNITA, ellos suministran armas a la UNITA. En eso actúan como aliados de Sudáfrica. Pero a la vez estaban interesados en buscar una solución al problema de Namibia, en buscar alguna fórmula de paz en la región, como consecuencia de la cual sean retiradas las tropas cubanas de Angola.

Es conocido que Estados Unidos perdió prácticamente el sueño con esa especie de osadía de que un pequeño país como Cuba, bloqueado y amenazado, fuera capaz de cumplir una misión internacionalista de esta naturaleza. En la cabeza del imperio, eso no se concibe. Solo ellos en el mundo tienen derecho a tener tropas en todas partes, armas en todas partes y bases en todas partes. Pero el hecho de que un pequeño país del Caribe haya sido capaz de apoyar al hermano pueblo africano, es algo que se sale de sus parámetros, de sus concepciones y de sus normas.

Claro que esta misión internacionalista de Cuba ejerció un impacto muy grande en África. Los pueblos de África, incluso gobiernos de África que no son revolucionarios, que son más bien de derecha, han visto con admiración la misión desempeñada por Cuba en África. Los pueblos africanos saben que esas son tropas aliadas. Saben que el único país no africano que ha enviado tropas a defender un país de África contra la agresión de la Sudáfrica racista y fascista es Cuba. [*Aplausos*]

Toda África odia profundamente el apartheid. Toda África ve en el apartheid su mayor enemigo, el enemigo que desprecia a África, que agrede a África, que humilla a África. Es increíble hasta qué punto se sienten heridos los pueblos de África con el apartheid, y eso ha hecho al sentimiento africano, al alma africana, un aliado de Cuba.

Los imperialistas no se explican bien por qué las amplias relaciones de Cuba en el terreno internacional, por qué el prestigio de Cuba en el terreno internacional. Pero los pueblos de África, que tanto han sido humillados por el apartheid y por el racismo, han sido capaces de valorar en toda su dimensión el gesto noble, generoso, la dimensión histórica, el heroísmo de nuestro pueblo, que no solo fue capaz de defenderse aquí de un enemigo tan poderoso, sino que fue capaz de ayudarlos en su lucha contra los fascistas y los racistas.

Nosotros sabemos cómo piensan los pueblos africanos, y este es otro problema que pesa en la política de Estados Unidos. Los pueblos de África han visto en Estados Unidos un aliado y un amigo del apartheid. Los pueblos de África ven en el gobierno de Estados Unidos el principal responsable de la supervivencia del apartheid. Y Sudáfrica se ha convertido en un amigo embarazoso para Estados Unidos. El apartheid se ha convertido en algo políticamente negativo para Estados Unidos ante la opinión mundial, en algo apestoso para la política de Estados Unidos, que le origina, incluso, problemas internos. Porque hay sectores en Estados Unidos como la población negra de Estados Unidos, y no solo la población negra, las minorías discriminadas

"Como hemos dicho otras veces, ser internacionalistas es saldar nuestra propia deuda con la humanidad", dijo Fidel Castro en diciembre de 1988. "Quien no sea capaz de luchar por otros no será nunca capaz de luchar por sí mismo". **Arriba:** Fuerzas combinadas de cubanos y del MPLA reciben orientación durante la "Operación Menongue" en el sur de Angola, febrero–marzo de 1978.

en Estados Unidos, y no solo minorías nacionales, sino también una parte importante de la opinión pública de Estados Unidos, que condena el apartheid, repudia el apartheid, critica el apartheid.

De modo que el apartheid y su alianza con el gobierno de Estados Unidos se vuelve un problema político interno. De ahí que Estados Unidos tiene interés en desentenderse, o tiene interés en que no se le siga asociando como un aliado del apartheid.

Del mismo modo el problema de Namibia, ocupada por Sudáfrica, es un problema que preocupa a toda la opinión mundial. Preocupa a Naciones Unidas. Hace mucho tiempo Naciones Unidas ha ordenado a los sudafricanos que abandonen Namibia, y hace muchos años acordaron la Resolución 435 sobre la independencia de Namibia.[2]

Luego Estados Unidos podía matar tres pájaros de un tiro: una mayor distancia del apartheid para mejorar sus relaciones con África, un esfuerzo por la aplicación de la Resolución 435 de Naciones Unidas y, por último, eso que tanto les quita el sueño: la retirada de las tropas cubanas de Angola. Son los objetivos que Estados Unidos ha perseguido: mejorar su imagen internacional, mejorar su imagen ante los pueblos de África, lograr algún avance que les permita una posición más cómoda ante la opinión internacional y la retirada de las tropas cubanas de Angola.

La realidad es que Cuba no tiene ningún interés económico en Angola ni en África. Cuba no tiene tampoco intereses estratégicos en Angola ni en África, y no los puede tener porque Cuba no es una gran potencia, es un pequeño país. Cuba está en Angola en virtud de principios internacionalistas, en virtud de sentimientos, de solidaridad, porque cumple con su deber de ayudar a los pueblos. Cumple con su deber de ayudar a los pueblos de África contra el apartheid, contra el racismo, contra el colonialismo, contra la agresión exterior. Ningún país más interesado que Cuba en el regreso de las tropas, nadie más interesado que Cuba. Nadie gana más que Cuba, nadie tiene más deseo que Cuba de que las tropas regresen…

Una buena parte del tiempo de la dirección, de nuestro tiempo, del tiempo de las Fuerzas Armadas Revolucionarias, lo ocupó este problema a lo largo del año. Ya les dije que no fue fácil la decisión y, sobre todo, el momento en que se tomó la decisión. Ya les conté en esencia; era en vísperas de la reunión de Gorbachov con Reagan. Hubo algunos que llegaron a creer que estábamos conspirando contra la paz, conspirando contra la distensión, puesto que en aquellas circunstancias nos veíamos en la obligación de enviar tropas de refuerzo. Pero en aquella situación les aseguro que no se podía perder un día, no se podía perder un minuto. Un minuto que se perdiera y habría sido tarde.

Hay momentos en que hay que tomar decisiones difíciles o decisiones amargas, y cuando ese momento llegó, nuestro partido y nuestras fuerzas armadas no vacilaron en ningún instante. Creo que eso ayudó a evitar un descalabro político y un descalabro militar para Angola, para África y para todas las fuerzas progresistas. Creo que eso ayudó decisivamente a las perspectivas de paz que hoy se presentan en la región.

Creo que un día como este es digno de homenaje, el esfuerzo llevado a cabo por nuestros combatientes y por nuestro pueblo, misión de la cual podemos sentirnos orgullosos todos, una página más de gloria para nuestro pueblo combatiente, para nuestras fuerzas armadas, nacidas primero el 10 de octubre de 1868, nacidas de nuevo el 2 de diciembre de 1956.[3] [*Aplausos*]

Hay algunos que se han atrevido, incluso, a cuestionar el espíritu y el heroísmo internacionalistas de nuestro pueblo, que lo han criticado. Esa es la esperanza yanqui: que surjan corrientes anti-internacionalistas en el seno del pueblo para debilitarnos. Como hemos dicho otras veces, ser internacionalistas es saldar nuestra propia deuda con la humanidad. [*Aplausos*] Quien no sea capaz de luchar por otros, no será nunca suficientemente capaz de luchar por sí mismo. [*Aplausos*] Y el heroísmo demostrado por nuestras fuerzas, por nuestro pueblo en otras tierras, en tierras lejanas, ha de servir también para hacerles conocer a los imperialistas lo que les espera si un día nos obligan a luchar en esta tierra. [*Aplausos y exclamaciones*]…

---

2. Ver el glosario, Resolución 435 del Consejo de Seguridad de la ONU.

3. La primera guerra cubana de independencia comenzó el 10 de octubre de 1868. El 2 de diciembre de 1956 los expedicionarios del *Granma* desembarcaron en el oriente de Cuba, dando inicio a la guerra revolucionaria contra la dictadura de Batista respaldada por Washington.

LO ÚNICO QUE NOS LLEVAMOS DE ÁFRICA SON LOS RESTOS DE NUESTROS COMBATIENTES QUE CAYERON LUCHANDO POR LA LIBERTAD

Fidel Castro
DICIEMBRE DE 1989

Discurso pronunciado por Fidel Castro el 7 de diciembre de 1989 en una ceremonia en La Habana de homenaje a los más de 2 mil voluntarios cubanos muertos al cumplir misiones internacionalistas por todo el mundo. La gran mayoría de estos combatientes habían caído durante la misión en Angola, iniciada 14 años antes.

Compañero presidente José Eduardo Dos Santos y demás invitados,
Familiares de los caídos,
Combatientes,
Compatriotas:

Fue siempre de profunda significación para todos los cubanos la fecha memorable en que cayó, junto a su joven ayudante, el más ilustre de nuestros soldados, Antonio Maceo. Sus restos yacen aquí, en este sagrado rincón de la patria. Al escoger esta fecha para dar sepultura a los restos de nuestros heroicos combatientes internacionalistas caídos en diversas partes del mundo, fundamentalmente en África, de donde vinieron los antepasados de Maceo y una parte sustancial de nuestra sangre, el 7 de diciembre se convertirá en día de recordación para todos los cubanos que dieron su vida no solo en defensa de su patria, sino también de la humanidad. De este modo, el patriotismo y el internacionalismo, dos de los más hermosos valores que ha sido capaz de crear el hombre, se unirán para siempre en la historia de Cuba.

Quizás no lejos de este mismo sitio se levante un día un monumento en honor a todos.

A esta hora, simultáneamente en todos los rincones de Cuba de donde procedían, se da sepultura a los restos de los internacionalistas que cayeron en el cumplimiento de su noble y gloriosa misión.

Creía el enemigo imperialista que ocultaríamos las bajas en Angola, la misión más prolongada y compleja que cumplió ya 14 años, como si fuera una deshonra o una mancha para la revolución. Soñaron durante mucho tiempo que fuera inútil la sangre derramada, como si pudiera morir en vano quien muere por una causa justa. Mas si solo la victoria fuese el vulgar rasero para medir el valor del sacrificio de los hombres en sus justas luchas, ellos regresaron además con la victoria.

Los espartanos decían: Con el escudo o sobre el escudo. Nuestras tropas victoriosas regresaron con el escudo.

Mas no es nuestra intención en este solemne instante vanagloriarnos de nuestros éxitos, ni humillar a nadie, ni siquiera a los que fueron nuestros adversarios. Nuestro país no buscaba glorias ni prestigios militares. Siempre se aplicó rigurosamente el principio de alcanzar los objetivos con el menor sacrificio de vidas posibles. Para ello se requería ser fuertes, actuar con el máximo de sangre fría y estar siempre, como siempre estuvimos, dispuestos a todo.

Cada combatiente sabía que detrás de él estaba el país entero; sabía también que la vida y la salud de cada uno de ellos era preocupación constante de todos nosotros.

Cuando la política y la diplomacia fueron factores asequibles para alcanzar los objetivos finales, no se dudó un instante en utilizar las vías políticas y diplomáticas, y, aunque se actuó siempre con toda la firmeza necesaria, en ningún instante durante el proceso negociador se nos escuchó una palabra de arrogancia, prepotencia o alarde. Supimos ser flexibles cuando la flexibi-

De la edición del 18 de diciembre de 1989 de *Resumen Semanal Granma*.

lidad era conveniente y justa.

La última etapa de la guerra en Angola fue la más difícil. Ella requirió de toda la determinación, la tenacidad y el espíritu de lucha de nuestro país en apoyo a nuestros hermanos angolanos.

En el cumplimiento de ese deber de solidaridad no solo con Angola, sino con nuestros propios combatientes que allí luchaban en condiciones difíciles, la revolución no vaciló en arriesgarlo todo. Cuando las amenazas imperialistas contra nuestra propia patria eran muy grandes, no vacilamos en enviar al Frente Sur de la República Popular de Angola muchos de nuestros más modernos y mejores medios de combate. Más de 50 mil combatientes cubanos se reunieron entonces en aquella nación hermana, cifra verdaderamente impresionante si se tiene en cuenta la distancia a recorrer, el tamaño y los recursos de nuestro país. Fue una verdadera hazaña de nuestras gloriosas Fuerzas Armadas Revolucionarias y de nuestro pueblo. Pocas veces se ha escrito una página igual de altruismo y solidaridad internacional.

Por eso apreciamos tanto la presencia de José Eduardo Dos Santos en este acto. Fue un gesto absolutamente espontáneo. "Quiero estar con ustedes en ese momento", nos dijo. Del mismo modo espontáneo, Etiopía, la SWAPO y otros países y organizaciones revolucionarias quisieron estar con nosotros tan pronto tuvieron noticias, hace apenas unos días, de que hoy daríamos sepultura en nuestra patria a los internacionalistas caídos en África y en otras tierras del mundo.

Hay acontecimientos históricos que nada ni nadie podrá borrar. Hay ejemplos revolucionarios que los mejores hombres y mujeres de las futuras generaciones, dentro y fuera de nuestra patria, no podrán olvidar. Este es uno de ellos, mas no nos corresponde a nosotros evaluarlo: de ello se encargará la historia.

No podemos olvidar ni por un instante que nuestros camaradas de armas fueron los heroicos combatientes de las fuerzas armadas angolanas. Ellos ofrendaron la vida de decenas de miles de los mejores hijos de ese extraordinario pueblo. La unidad y la cooperación más estrecha entre ellos y nosotros hicieron posible la victoria.

También tuvimos el honor de combatir junto a los valerosos hijos de Namibia, a los patriotas de Guinea-Bissau y a los insuperables soldados etío-

pes. Años antes, en los días difíciles de Argelia[1], recién conquistada la independencia, nuestros combatientes internacionalistas estuvieron a su lado, como estuvieron también más tarde junto a Siria, otro hermano país árabe víctima de la agresión exterior que solicitó nuestra cooperación.[2]

No hubo causa justa del África que no contara con el apoyo de nuestro pueblo. Che Guevara, acompañado de un grupo numeroso de revolucionarios cubanos, combatió contra mercenarios blancos al este del actual Zaire, y hoy, en la República Saharaui, médicos y maestros prestan sus generosos y desinteresados servicios a ese pueblo en combate por su libertad.

Todos los países mencionados eran ya o son hoy independientes, y los que aún no lo son lo serán más tarde o más temprano.

En breves años se escribió una brillante página de solidaridad, de la cual nuestro pueblo se siente orgulloso. También en nuestras luchas por la independencia, hombres de muy diversos países combatieron junto a nosotros. El más ilustre de todos, Máximo Gómez, nacido en Santo Domingo, llegó por sus méritos extraordinarios a ser el jefe de nuestro Ejército Libertador. En los años previos a nuestra Revolución, mil cubanos organizados por el primer Partido Comunista combatieron en España defendiendo la República. Ellos escribieron páginas imborrables de heroísmo, que la pluma de Pablo de la Torriente Brau recogió para la historia, hasta que la muerte en combate tronchó la vida del brillante periodista revolucionario.

Así se forjó nuestro gallardo espíritu internacionalista que, con la revolución socialista, alcanzó sus más altas cumbres.

En todas partes donde estuvieron los internacionalistas cubanos, fueron ejemplo de respeto a la dignidad y la soberanía del país. La confianza ganada en el corazón de esos pueblos no es casual;

---

1. Tropas de la monarquía marroquí, con apoyo de París y otras potencias imperialistas, invadieron el este de Argelia a fines de septiembre de 1963, poco más de un año después de que el pueblo argelino ganara su independencia de Francia. Cuando el nuevo gobierno argelino pidió ayuda, Cuba revolucionaria envió a 686 combatientes, incluyendo un batallón de tanques y un grupo de artillería. La agresión marroquí fue derrotada y se firmó un cese el fuego a fines de octubre.

2. Ver nota en la p. 30.

fue fruto de su intachable conducta. Por ello, en todas partes quedó el recuerdo de nuestro ejemplar desinterés y altruismo.

Un destacado dirigente africano expresó un día en una reunión de líderes de la región: "Los combatientes cubanos están dispuestos a sacrificar sus vidas por la liberación de nuestros países y, a cambio de esa ayuda a nuestra libertad y el progreso de nuestra población, lo único que se llevarán de nosotros son los combatientes que cayeron luchando por la libertad."[3] Un continente que conoció siglos de explotación y saqueo supo apreciar en toda su magnitud el desinterés de nuestro gesto internacionalista.

Hoy regresan victoriosas nuestras tropas aguerridas. Caras alegres, felices, orgullosas, de madres, esposas, hermanos, hijos y de todo el pueblo, los reciben con calor y emoción. Se alcanzó la paz con honor y se alcanzaron con creces los frutos del sacrificio y el esfuerzo. Hoy no perturba nuestros sueños la constante inquietud por la suerte de nuestros hombres en combate a miles de kilómetros de su tierra.

Creía el enemigo que el regreso de nuestros combatientes constituiría un problema social por la imposibilidad de asignarles empleo. Gran parte de estos hombres, además de los cuadros militares, tenían en su patria un empleo y a ellos regresan o a otros mejores. Ni uno solo ha quedado en el olvido. Muchas veces antes de regresar a la patria conocían ya cuál sería su tarea.

De aquellos jóvenes del servicio militar que recién salidos de las escuelas de enseñanza media solicitaron voluntariamente el honor de cumplir misión internacionalista en Angola, ni uno solo ha tenido que esperar para ocupar un lugar digno en las aulas de estudio o entre las filas de nuestro pueblo trabajador.

Nuestra patria trabaja intensamente en ambiciosos programas de desarrollo económico y social. No se guía por las leyes irracionales del capita-

El 7 de diciembre de 1989, en todos los municipios de Cuba se rindió homenaje a los 2 077 combatientes internacionalistas que cayeron en África cumpliendo misión internacionalista en Angola. Sus restos fueron enterrados en sus municipios. Lo único que nos llevamos de África son los restos de "los combatientes que cayeron luchando por la libertad", dijo Fidel Castro en la ceremonia en La Habana. **Arriba:** Ceremonia fúnebre en Artemisa, cerca de La Habana, diciembre de 1989.

lismo, y tiene un sitio en el estudio, la producción o los servicios para cada hijo del país.

Ningún familiar allegado de los que cayeron en cumplimiento de la misión, o sufrieron lesiones graves, quedó en el olvido. Ellos recibieron, reciben y recibirán toda la atención y la consideración a que los hizo acreedores el noble sacrificio de sus seres queridos y su propia conducta abnegada, desinteresada y generosa hasta el heroísmo.

Los cientos de miles de cubanos que cumplieron misiones internacionalistas militares o civiles contarán siempre con el respeto de las presentes y futuras generaciones. Ellos multiplicaron muchas veces las gloriosas tradiciones combativas e internacionalistas de nuestro pueblo.

La patria que encuentran a su regreso está enfrascada en una titánica lucha por el desarrollo, a la vez que continúa enfrentándose con ejemplar dignidad al criminal bloqueo del imperialismo, a lo que se viene a sumar ahora la crisis surgida en el campo socialista, de la que solo podemos esperar consecuencias negativas en el terreno económico para nuestro país.[4]

---

3. Palabras de Amílcar Cabral, dirigente de la lucha independentista en Guinea-Bissau y Cabo Verde.

4. El Muro de Berlín cayó el 9 de noviembre de 1989, dos días después de este discurso. La posterior desintegración de la Unión Soviética y cancelación de sus acuerdos de comercio y ayuda llevaron a una severa crisis económica en Cuba conocida como el Período Especial.

No es precisamente sobre la lucha antiimperialista ni sobre los principios del internacionalismo que se habla hoy en la mayoría de esos países. Ni siquiera esas palabras se mencionan en su prensa. Tales conceptos están virtualmente borrados allí del diccionario político. En cambio, los valores del capitalismo están cobrando inusitada fuerza en esas sociedades.

Capitalismo significa intercambio desigual con los pueblos del Tercer Mundo, exacerbación del egoísmo individual y del chovinismo nacional, el imperio de la irracionalidad y la anarquía en la inversión y la producción, sacrificio despiadado de los pueblos a leyes ciegas en la economía, el imperio del más fuerte, la explotación del hombre por el hombre, el sálvese quien pueda. El capitalismo en el orden social implica muchas cosas más: prostitución, droga, juego, mendicidad, desempleo, desigualdades abismales entre los ciudadanos, agotamiento de los recursos naturales, envenenamiento de la atmósfera, de los mares, de los ríos, de los bosques y, de modo especial, saqueo de las naciones subdesarrolladas por los países capitalistas industrializados. En el pasado significó colonialismo y en el presente la neocolonización de miles de millones de seres humanos mediante métodos económicos y políticos más sofisticados, pero también menos costosos, más efectivos y despiadados.

El capitalismo, su economía de mercado, sus valores, sus categorías y sus métodos no pueden ser jamás los instrumentos para sacar al socialismo de sus actuales dificultades y rectificar los errores que hubieran podido cometerse. Buena parte de esas dificultades surgieron no solo de los errores, sino también del bloqueo riguroso y del aislamiento a que fueron sometidos los países socialistas por parte del imperialismo y las grandes potencias capitalistas que monopolizaban casi todas las riquezas y las tecnologías más avanzadas del mundo, producto del saqueo de las colonias, la explotación de su clase obrera y el robo masivo de cerebros a países que estaban por desarrollarse.

Guerras devastadoras, que costaron millones de vidas y la destrucción de la inmensa mayoría de los medios productivos acumulados, fueron desatadas contra el primer estado socialista. Como ave fénix, este tuvo que surgir más de una vez de sus cenizas y prestó servicios tales a la humanidad como derrocar al fascismo e impulsar decisivamente el movimiento de liberación de los países todavía colonizados. Todo eso se quiere olvidar hoy.

Es repugnante que muchos se dediquen ahora, en la propia URSS, a negar y destruir la hazaña histórica y los méritos extraordinarios de ese heroico pueblo. Esa no es forma de rectificar y superar los incuestionables errores cometidos en una revolución que nació de las entrañas del autoritarismo zarista, en un país inmenso, atrasado y pobre. No es posible tratar de cobrarle ahora a Lenin el precio de haber hecho la revolución más grande de la historia en la vieja Rusia de los zares.

Por ello nosotros no hemos vacilado en impedir la circulación de ciertas publicaciones soviéticas que están cargadas de veneno contra la propia URSS y el socialismo. Se percibe que detrás de ellas está la mano del imperialismo, la reacción y la contrarrevolución. Ya algunas de esas publicaciones han comenzado a demandar el cese del tipo de relaciones comerciales equitativas y justas que se han creado entre la URSS y Cuba en el transcurso del proceso revolucionario cubano. En dos palabras: que la URSS comience a practicar con Cuba el intercambio desigual, vendiendo cada vez más caro y comprando cada vez más barato nuestros productos agrícolas y materias primas, lo mismo que Estados Unidos hace con los países del Tercer Mundo o, en último término, que la URSS se sume al bloqueo yanqui contra Cuba.

La destrucción sistemática de los valores del socialismo, el trabajo de zapa llevado a cabo por el imperialismo, unido a los errores cometidos, han acelerado el proceso de desestabilización de los países socialistas en Europa Oriental. La política diferenciada con cada país y la idea de minar desde dentro al socialismo fue la estrategia largo tiempo elaborada y aplicada por Estados Unidos.

El imperialismo y las potencias capitalistas no pueden disimular su euforia ante los acontecimientos. Están persuadidos, no sin fundamento, de que a estas horas el campo socialista virtualmente ya no existe. En algunos de esos países de Europa Oriental hay actualmente equipos completos de norteamericanos, incluyendo asesores del presidente de Estados Unidos, programando el desarrollo capitalista. En días recientes, un cable trajo la noticia de que estaban fascinados por la excitante experiencia. Uno de ellos, funcionario, por cierto, del gobierno norteamericano, se mostraba partidario de aplicar en Polonia un plan similar al del *New Deal* [Nuevo Trato], con el que Roosevelt trató de mitigar la gran crisis del capitalismo, para socorrer a los 600 mil trabajadores polacos que se quedarán sin trabajo en 1990, y a la mitad de los 17.8 millones de trabajadores con que cuenta el país, que deberán recalificarse y cambiar de empleo, como consecuencia del desarrollo de una economía de mercado.

El imperialismo y las potencias capitalistas de la OTAN están persuadidos, y no sin fundamento, de que a estas horas el Pacto de Varsovia ya tampoco existe y no es más que una ficción; de que sociedades corroídas y minadas desde dentro serían incapaces de resistir.

Se ha proclamado que el socialismo debía perfeccionarse. Nadie puede oponerse a este principio que es inherente y de constante aplicación a toda obra humana. ¿Pero es acaso abandonando los más elementales principios del marxismo-leninismo que puede perfeccionarse el socialismo? ¿Por qué las llamadas reformas tienen que marchar en un sentido capitalista? Si tales ideas tuviesen un carácter revolucionario, como algunos pretenden, ¿por qué reciben el apoyo unánime y exaltado de los dirigentes del imperialismo?

En insólita declaración, el presidente de Estados Unidos se calificó a sí mismo como defensor número uno de las doctrinas que actualmente se aplican en muchos países del campo socialista.

Jamás en la historia una idea verdaderamente revolucionaria habría recibido el apoyo entusiasta del jefe del imperio más poderoso, agresivo y voraz que ha conocido la humanidad.

Nosotros, a raíz de la visita del compañero Gorbachov a Cuba en abril de este año, ocasión en que sostuvimos profundos y sinceros intercambios, expresamos públicamente ante la Asamblea Nacional nuestro criterio de que debía respetarse el derecho de cualquier país socialista a construir el capitalismo si así lo deseaba, del mismo modo que exigimos el más estricto respeto al derecho de cualquier país capitalista a construir el socialismo.

Consideramos que la revolución no se puede importar ni exportar. Un estado socialista no se puede fundar por inseminación artificial o simple trasplante de embriones. La revolución necesita las condiciones propicias para ello en el seno de la propia sociedad, y solo cada pueblo puede ser su propio creador. Estas ideas no están reñidas con la solidaridad que los revolucionarios pueden y deben brindarse entre sí. La revolución es, igualmente, un proceso en que se puede avanzar o retroceder; en que incluso se puede frustrar. Pero un comunista, ante todo, tiene que ser valiente y revolucionario. El deber de los comunistas es luchar en cualquier circunstancia, por adversa que sea. Los comuneros de París supieron luchar y morir defendiendo sus ideas. Las banderas de la revolución y el socialismo no se entregan sin combatir. Rendirse es de cobardes y de gente desmoralizada, no de comunistas ni de revolucionarios.

El imperialismo hoy invita a los países socialistas de Europa a convertirse en receptores de sus excedentes de capital, desarrollar el capitalismo y participar en el saqueo de los países del Tercer Mundo.

Es sabido que una gran parte de las riquezas del mundo capitalista desarrollado proviene del intercambio desigual con esos países. Durante siglos los saquearon como simples colonias, esclavizaron a cientos de millones de sus hijos y en muchas ocasiones agotaron sus reservas de oro, plata y otros minerales. Los explotaron despiadadamente y les impusieron el subdesarrollo.

Esta fue la consecuencia más directa y patente del colonialismo. Hoy los esquilman mediante los intereses de una deuda infinita e impagable, les arrancan sus productos básicos a precios miserables, les exportan sus productos industriales cada vez a mayores precios.

Les sustraen constantemente los recursos financieros y humanos mediante la fuga de capitales y cerebros, les bloquean el comercio mediante *dumping*, tarifas arancelarias, cuotas de importación, productos sintéticos sustitutivos salidos de su alta tecnología y subsidian a las propias producciones cuando no son competitivas.

Ahora el imperialismo quiere que los países socialistas de Europa se sumen a ese colosal saqueo, lo que parece no disgustar en absoluto a los teóricos de las reformas capitalistas. De ahí que en muchos de esos países nadie hable de la tragedia del Tercer Mundo, y que las multitudes descontentas sean orientadas hacia el capitalismo y el anticomunismo, y en uno de ellos hacia el pan-germanismo. Tal evolución de los acontecimientos puede conducir incluso a corrientes fascistas. El premio que el imperialismo les promete es una cuota en el saqueo de nuestros pueblos, única forma de erigir sociedades capitalistas de consumo.

A Estados Unidos y a las potencias capitalistas les interesa ahora mucho más invertir en Europa Oriental que en cualquier otra área del planeta. ¿Qué recursos puede esperar el Tercer Mundo, donde viven en condiciones infrahumanas miles de millones de personas, de tal evolución de los acontecimientos?

Se nos habla de paz. ¿Pero de qué paz se trata? ¿De la paz entre las grandes potencias, mientras el imperialismo se reserva el derecho a intervenir abiertamente y a agredir a los países del Tercer Mundo? Ejemplos tenemos de sobra.

El gobierno imperialista de Estados Unidos exige que nadie ayude a los revolucionarios salvadoreños. Y trata de chantajear a la URSS demandándole nada menos que cese todo suministro de ayuda económica y militar a Nicaragua y a Cuba, porque somos solidarios con los revolucionarios salvadoreños, aunque cumplimos estrictamente con nuestras obligaciones en relación con el armamento que suministra la URSS, de conformidad con los convenios suscritos entre naciones soberanas.

Por su parte, ese mismo gobierno imperialista que exige el cese de toda solidaridad con los revolucionarios salvadoreños, ayuda al gobierno genocida y envía unidades especiales de combate a El Salvador; sostiene a la contrarrevolución en Nicaragua; organiza golpes de estado en Panamá y el asesinato de dirigentes de ese país; ayuda militarmente a la UNITA en Angola, a pesar de los exitosos acuerdos de paz en África sudoccidental; y continúa suministrando grandes cantidades de armas a los rebeldes de Afganistán, sin tomar en cuenta para nada la retirada de las tropas soviéticas y los acuerdos de Ginebra.

Hace apenas unos días, aviones de guerra de Estados Unidos intervinieron descaradamente en el conflicto interno de Filipinas. Independientemente de las motivaciones justas o injustas de los sublevados, que no nos corresponde a nosotros juzgar, la intervención de Estados Unidos en ese país adquiere extrema gravedad y es reflejo fiel de la situación actual del mundo. Ese es el papel de gendarme que Estados Unidos se reserva no ya solo para América Latina, a la que consideró siempre su patio trasero, sino para cualquier país del Tercer Mundo.

La consagración del principio de intervención universal por una gran potencia es el fin de la independencia y la soberanía en el mundo. ¿Qué paz y seguridad es la que espera a nuestros pueblos, como no sea la que nosotros mismos seamos capaces de conquistar con nuestro heroísmo?

Es magnífico que desaparezcan las armas nucleares. Si ello no fuera más que una utopía y lograra alcanzarse algún día, sería de incuestionable beneficio e incrementaría la seguridad, pero solo para una parte de la humanidad. Eso no le daría paz, ni seguridad, ni esperanza, a los países del Tercer Mundo.

El imperialismo no necesita armas nucleares para agredir a nuestros pueblos. Sus poderosas flotas distribuidas por el mundo, sus bases militares en todas partes y sus armas convencionales, cada vez más sofisticadas y mortíferas, son suficientes para cumplir su papel de dueño y gendarme del mundo.

Además, en nuestro mundo mueren cada día 40 mil niños que pudieran salvarse y no se salvan por el subdesarrollo y la pobreza. Como hemos dicho otras veces, y no está de más repetirlo hoy, es como si cada tres días estallara entre los niños pobres del mundo una bomba similar a las de Hiroshima y Nagasaki.

Si los acontecimientos siguen su actual curso, si no se exige a Estados Unidos la renuncia a estas concepciones, ¿de qué nuevo pensamiento puede hablarse? Por esa vía, el mundo bipolar que conocimos en la posguerra se transformará, inexorablemente, en un mundo unipolar bajo la hegemonía de Estados Unidos.

En Cuba llevamos a cabo nuestro proceso de rectificación. Sin un partido fuerte, disciplinado y respetado, es imposible desarrollar una revolución o una rectificación verdaderamente socialista. No es posible llevar a cabo semejante proceso calumniando al socialismo, destruyendo sus valores, desprestigiando al partido, desmoralizando a la vanguardia, renunciando a su papel dirigente, liquidando la disciplina social, sembrando el caos y la anarquía en todas partes. Así se puede promover una contrarrevolución, pero no cambios revolucionarios.

El imperialismo yanqui piensa que Cuba no podrá resistir y que la nueva situación surgida en el campo socialista le permitirá doblegar inexorablemente a nuestra Revolución.

Cuba no es un país donde el socialismo llegó

tras las divisiones victoriosas del Ejército Rojo. En Cuba, el socialismo lo forjamos los cubanos en auténtica y heroica lucha. Treinta años de resistencia al más poderoso imperio de la tierra que quiso destruir a nuestra revolución, dan testimonio de nuestra fortaleza política y moral.

Los que estamos en la dirección del país no somos un grupo de advenedizos inexpertos, recién llegados a cargos de responsabilidad. Salimos de las filas de los viejos luchadores antiimperialistas de la escuela de Mella y de Guiteras, de las filas del Moncada y del *Granma*, de la Sierra Maestra y de la lucha clandestina, de Girón y de la Crisis de Octubre, de 30 años de resistencia heroica a la agresión imperialista, de grandes hazañas laborales y de gloriosas misiones internacionalistas. Hombres y mujeres de tres generaciones cubanas se reúnen y asumen responsabilidades en nuestro aguerrido partido, en la organización de nuestra maravillosa vanguardia juvenil, en nuestras poderosas organizaciones de masas, en nuestras gloriosas Fuerzas Armadas Revolucionarias y en nuestro Ministerio del Interior.

En Cuba, revolución, socialismo e independencia nacional están indisolublemente unidos. A la revolución y al socialismo, debemos hoy todo lo que somos. Si Cuba regresara alguna vez el capitalismo, nuestra independencia y soberanía desaparecerían para siempre, seríamos una prolongación de Miami, un simple apéndice del imperio yanqui, el cumplimiento de aquella repugnante profecía de un presidente de Estados Unidos en el siglo pasado cuando pensaban anexar nuestra isla y dijo que esta caería en manos de ese país como una fruta madura. Para impedirlo hoy, mañana y siempre, habrá todo un pueblo dispuesto a morir. De nuevo cabe repetir aquí ante su propia tumba la frase inmortal de Maceo: "Quien intente apropiarse de Cuba recogerá el polvo de su suelo anegado en sangre, si no perece en la lucha".

Los comunistas cubanos y los millones de combatientes revolucionarios que integran las filas de nuestro heroico y combativo pueblo, sabremos cumplir el papel que nos asigne la historia, no solo como primer estado socialista en el hemisferio occidental, sino también como inclaudicables defensores en primera línea de la noble causa de los humildes y explotados de este mundo.

Nunca hemos aspirado a que nos entreguen la custodia de las gloriosas banderas y los principios que el movimiento revolucionario ha sabido defender a lo largo de su heroica y hermosa historia. Pero si el destino nos asignara el papel de quedar un día entre los últimos defensores del socialismo, en un mundo donde el imperio yanqui lograra encarnar los sueños de Hitler de dominar el mundo, sabríamos defender hasta la última gota de sangre este baluarte.

Estos hombres y mujeres a los que hoy damos honrosa sepultura en la cálida tierra que los vio nacer, murieron por los más sagrados valores de nuestra historia y de nuestra revolución.

Ellos murieron luchando contra el colonialismo y el neocolonialismo.

Ellos murieron luchando contra el racismo y el apartheid.

Ellos murieron luchando contra el saqueo y la explotación de los pueblos del Tercer Mundo.

Ellos murieron luchando por la independencia y la soberanía de esos pueblos.

Ellos murieron luchando por el derecho al bienestar y desarrollo de todos los pueblos de la tierra.

Ellos murieron luchando para que no existan hambrientos, mendigos, enfermos sin médicos, niños sin escuelas, seres humanos sin trabajo, sin techo, sin alimento.

Ellos murieron para que no existan opresores y oprimidos, explotadores ni explotados.

Ellos murieron luchando por la dignidad y la libertad de todos los hombres.

Ellos murieron luchando por la verdadera paz y seguridad para todos los pueblos.

Ellos murieron por las ideas de Céspedes y Máximo Gómez.

Ellos murieron por las ideas de Martí y Maceo.

Ellos murieron por las ideas de Marx, Engels y Lenin.

Ellos murieron por las ideas y el ejemplo que la Revolución de Octubre expandió por el mundo.

Ellos murieron por el socialismo.

Ellos murieron por el internacionalismo.

Ellos murieron por la patria revolucionaria y digna que es hoy Cuba.

¡Sabremos ser capaces de seguir su ejemplo!

Para ellos, ¡gloria eterna!

¡Socialismo o muerte!

¡Patria o muerte!

¡Venceremos!

GRACIAS A ANGOLA CONOCEMOS MEJOR QUÉ SOMOS CAPACES DE LOGRAR

Raúl Castro
MAYO DE 1991

Discurso pronunciado el 27 de mayo de 1991, en recibimiento del último contingente de internacionalistas voluntarios que regresó de Angola. La ceremonia se realizó en La Habana en El Cacahual, donde están enterrados los restos del líder independentista del siglo 18 Antonio Maceo.

Distinguidos invitados,
Combatientes internacionalistas,
Compañeras y compañeros:

El último en partir de regreso a la patria entre los combatientes internacionalistas cubanos que hasta el pasado sábado permanecían en la República Popular de Angola fue el jefe de la Misión Militar Cubana en ese hermano país,[1] cuya invicta bandera de combate, ya de nuevo entre nosotros, simboliza la culminación del largo y difícil camino iniciado en 1975.

Con más de un mes de antelación a lo establecido en los acuerdos de diciembre de 1988, nuestra agrupación de tropas, con sus armas, ha salido de Angola.

Para la nación cubana, este es el momento del tributo y del recuento. Tributo de admiración, gratitud y respeto a los 377 033 hijos de nuestro pueblo, que a lo largo de casi 16 años prestaron en Angola la más decidida colaboración en defensa de su soberanía e integridad territorial, y a los cerca de 50 mil que durante este mismo tiempo brindaron su aporte solidario en labores civiles.

Honramos, ante todo, a los 2 077 compañeros que no sobrevivieron para ver la victoria porque la fecundaron con su sangre. Ellos figurarán siempre entre los hijos más entrañables de la patria. Ante su ejemplo imperecedero inclinamos nuestras frentes. Con infinito respeto evocamos hoy la conducta no menos ejemplar de sus madres, padres, hijos, esposas y familiares, que les alentaron mientras ellos combatían lejos de la tierra que los vio nacer.

No nos convoca, sin embargo, esta mañana únicamente la exaltación de la proeza de los pueblos de Angola y Cuba, hermanados en la generosa sangre vertida y en el sudor del trabajo.

Angola es un hito, un jalón en la historia, que continuará inspirando la voluntad de independencia nacional y de emancipación social de los pueblos africanos; una llama eterna que no podrá ser sofocada, por duros y amargos que puedan llegar a ser los reveses.

Angola es una página brillante, limpia, honrosa, transparente en la historia de la solidaridad entre los pueblos, en la historia del internacionalismo, en la historia de la contribución de los cubanos a la causa de la libertad y del mejoramiento humanos. Angola es también, por todo ello, un jalón en la propia historia de Cuba.

De esta vocación internacionalista se sentirían orgullosos los padres de nuestra nacionalidad. En este santuario de la patria reposan los restos del general Antonio Maceo, el inclaudicable protagonista de Baraguá [durante la guerra cubana de independencia en 1878], por cuyas venas corría la sangre irredenta de África, y quien más de una vez ofreció su espada a la causa de la independencia de Puerto Rico. Los titanes de nuestro ejército mambí no vacilaron un instante para concederle la jefatura suprema, que se había ganado, al dominicano Máximo Gómez, la expresión más alta del latinoamericanismo y de la solidaridad con la causa emancipadora del pueblo cubano.

Publicado en Raúl Castro, *¡La Operación Carlota ha concluido! Victoria del internacionalismo cubano* (La Habana, Editora Política, 1991).

**"Angola es una página
honrosa en la historia de la
solidaridad entre los pueblos,
del internacionalismo, de
la contribución de los cubanos
a la causa de la libertad y
del mejoramiento humanos".**

—*Raúl Castro, mayo de 1991*

Arriba: Aeropuerto de Luanda, 25 de mayo de 1991. El general de brigada Samuel Rodiles Planas, jefe de la misión militar cubana en Angola, ondea bandera cubana momentos después de que el último grupo de combatientes abordó avión de regreso a Cuba. **Abajo:** Llegada al aeropuerto de La Habana ese día.

En los campos de batalla del 68 y del 95[2] combatieron en las filas del Ejército Libertador hombres de las más diversas latitudes, confundidos en la manigua con los criollos blancos y negros y enfrascados en la misma epopeya libertadora. Entre centenares de combatientes de casi 20 países, según datos no definitivos, 17 de ellos alcanzaron el grado de general.

Se ha verificado que tal distinción fue concedida a cinco dominicanos, tres españoles, dos norteamericanos, dos colombianos, un chileno, un jamaicano, un puertorriqueño, un polaco y un venezolano, que sumaron en su momento su entrega, la grandeza moral y el desinterés que forjaron nuestra tradición internacionalista.

Tradición que honraría, con su ejemplar trayectoria, el puertorriqueño Pablo de la Torriente Brau, hecho hombre y revolucionario en la lucha cubana, y luego convertido en héroe en la Guerra Civil Española, entre el millar de internacionalistas de Cuba que participaron en esa contienda. En nuestros días, el paradigma de ese escalón más alto de la especie humana —como él certeramente sintetizara—, nacido en Argentina, desde donde se echó a andar en el Rocinante que le trajo a Cuba, le llevó a África y lo retornó a América, nuestra patria común, para hacerse inmortal, es nuestro compañero el comandante Ernesto Che Guevara. Fue precisamente el Che quien, cumpliendo un mandato de nuestro partido, estableció en 1965 los primeros contactos con el MPLA y con su líder, el fundador de la nación angolana, compañero Agostinho Neto.

Por eso yerran los que de buena fe ignoran los antecedentes históricos de nuestra presencia en Angola y buscan las razones en simplonas explicaciones geopolíticas, en derivaciones de la guerra fría, o los conflictos globales entre el este y el oeste: aunque no podemos negar que en el siglo pasado ya Martí concebía la independencia de Cuba como una necesidad histórica y un aporte para contener la expansión neocolonial que él previó Estados Unidos desataría sobre América Latina.

Si algo singular tiene la presencia cubana en Angola, continuación de las mejores tradiciones nacionales, es el masivo concurso popular, que nunca antes alcanzara cifras semejantes y que desencadenó la disposición de todo un pueblo por participar en la epopeya, cuyo significado aún más trascendental fue el carácter absolutamente voluntario de la participación. Aquel no fue solo un ejército profesional, por más que nos enorgullecemos del desempeño combativo y técnico de nuestras tropas, sino un ejército de las masas, un ejército revolucionario del pueblo.

Los más de 400 mil hombres y mujeres que pasaron por Angola en el curso de estos años, y cuyos nombres serán enaltecidos por nuestros sucesores, proceden de todas las generaciones activas hoy en el proceso cubano: desde los veteranos rebeldes hasta los más jóvenes reclutas y reservistas.

A todos los animó un solo interés: el de salvar y consolidar a la hermana república de Angola. Como advertimos en fecha muy temprana, nada más hemos traído de regreso, como no sea la satisfacción del deber cumplido y los restos de nuestros compañeros caídos, con la única excepción de tres que aún no hemos recuperado.

Una motivación muy profunda no debe ser olvidada. Ya Cuba venía viviendo la hermosa experiencia de la solidaridad de otros pueblos, ante todo del pueblo soviético, que nos tendió la mano amiga en momentos cruciales para la supervivencia de la Revolución Cubana. La solidaridad, el apoyo y la colaboración fraternal que la práctica consecuente del internacionalismo nos brindó en momentos decisivos creó un sincero sentimiento, una conciencia de deuda con otros pueblos que pudieran verse en circunstancias semejantes. A extraer tales lecciones de la experiencia histórica y sembrar esa conciencia se consagró el compañero Fidel, quien despertó en el espíritu nacional el sentido de que, como latino-africanos, los cubanos teníamos también una deuda histórica con África, una de las raíces vitales de nuestra nacionalidad.

Son estas las razones auténticas de la respuesta del pueblo al pedido de ayuda del joven gobierno angolano, de conformidad con el derecho internacional. El destino independiente de Angola, su triunfante revolución anticolonial, estaban amenazados de ser despedazados por enemigos que atacaban desde el sur, desde el norte y desde el este.

El imperialismo, el neocolonialismo y el peligro mortal de la expansión de las fronteras del apart-

---

1. Ver el glosario, Samuel Rodiles Planas.

2. Ver el glosario, Guerras cubanas de independencia.

"La presencia cubana en Angola era la continuación de las mejores tradiciones nacionales".

—Raúl Castro, mayo de 1991

CIENCIAS SOCIALES

El gobierno revolucionario de Cuba brindó su apoyo internacionalista a luchas independentistas en África a partir de principios de los años 60. En 1965 Ernesto Che Guevara visitó África y se reunió con dirigentes de las luchas de liberación nacional en Angola, Mozambique, Guinea-Bissau y Cabo Verde.

GRANMA

Arriba: Médicos voluntarios cubanos con Guevara (segundo de la izquierda) en Argelia, julio de 1964. Era la primera misión internacionalista de Cuba revolucionaria en África. **Centro:** Celebración del primer día de independencia de Angola, Luanda, 11 de noviembre de 1975. **Abajo:** Guevara (izquierda) se reúne con Agostinho Neto (derecha) y otros dirigentes del MPLA durante gira en 1965.

heid se concentraron para asfixiar en el instante mismo de su advenimiento a la independencia de un estado potencialmente rico, en cuya fundación intervenían decisivamente hombres de pensamiento progresista y revolucionario.

Operación Carlota

En Cuba bautizamos la operación internacionalista con el nombre de "Carlota", en homenaje a una excepcional mujer africana que en tierra cubana encabezó, siendo esclava, dos sublevaciones contra la opresión colonial y que, como pretendían hacer con Angola en 1975, fue descuartizada por los verdugos que lograron apresarla en su segunda intentona rebelde [en 1843]. Sin siquiera saberlo todavía, los miles de cubanos que formaban parte de la operación iban a extender la leyenda de Carlota, la heroína cubano-africana, por Cabinda, por Quifangondo, por Los Morros de Medunda, por Cangamba, por Sumbe, por Ruacaná, Calueque y por Cuito Cuanavale.

De esa imborrable experiencia formarían parte, darían lo mejor de sí, se harían al mismo tiempo mejores patriotas, más firmes revolucionarios y más convencidos militantes, nuestros tanquistas, infantes, artilleros, tropas ingenieras y zapadores, pilotos, tropas especiales, exploradores, tropas de comunicaciones, personal de los servicios de retaguardia, de la defensa antiaérea, caravaneros, ingenieros, técnicos, trabajadores políticos, de la contrainteligencia militar, y combatientes de las demás especialidades de las FAR [Fuerzas Armadas Revolucionarias] y del Ministerio del Interior: los que, unidos al relevante y ejemplar servicio del personal de Cubana de Aviación y de la marina mercante, harían posible el éxito de la operación.

Iban a acompañar al pueblo angolano, junto a maestros, médicos, constructores y demás especialistas civiles de nuestro país, a lo largo del más prolongado, cruel y devastador conflicto que ha conocido África. Iban a ser testigos excepcionales de que a ningún otro pueblo de África negra como al de Angola le ha costado tanto la lucha por preservar la integridad territorial y su existencia misma como estado.

Un papel decisivo correspondió en toda esta extraordinaria prueba a los jefes y oficiales, sobre cuyos hombros recayeron innumerables decisiones.

Ellos estaban llamados, ante todo, a ser ejemplo, y lo fueron con creces, como lo ilustra el hecho de que uno de cada cuatro de los caídos en combate tenía grado de oficial.

La grave amenaza surgida en 1975 no fue conjurada hasta marzo de 1976, fuego de fieros combates a las puertas mismas de la capital angolana. Derrotados, los invasores volvieron sobre sus pasos en el norte, en el este y sobre todo en el sur, cuando los sudafricanos cruzaron la frontera hacia su colonia de Namibia. Pensamos entonces que se abría una oportunidad a la paz.

Solo a unos días de la victoria, el 22 de abril de 1976, concertamos con el gobierno de Angola el primer programa para el regreso paulatino de las tropas. Así, mientras comenzaba a llegar la colaboración civil de Cuba, el contingente militar en menos de un año se redujo en más de un tercio.

Pero apenas dos años más tarde, en 1978, el ejército sudafricano puso en peligro nuevamente la seguridad e integridad territorial de Angola y, desde luego, la vida de los internacionalistas cubanos, realizando operaciones dentro del territorio de la RPA [República Popular de Angola], al sur de las posiciones cubanas que defendían una línea a 250 kilómetros de la frontera con Namibia. La atroz masacre de civiles namibios, la mayoría mujeres y niños, en Cassinga, donde los sudafricanos asesinaron más de 600 refugiados, fue el capítulo más infamante.

En 1979 una aparente evolución de la situación

"Bautizamos la operación con el nombre de 'Carlota'", dijo Raúl Castro, "en homenaje a una excepcional mujer africana". Carlota encabezó dos sublevaciones contra la opresión colonial, incluyendo una rebelión de esclavos en 1843 en el central azucarero Triunvirato en la provincia de Matanzas, donde fue descuartizada por los verdugos que la capturaron.

determinó que volvieran a acordarse entre Cuba y Angola plazos para el retiro de nuestras tropas. Pero estos también se vieron frustrados por otro aumento de la agresividad sudafricana, concertada con acciones terroristas contra los trabajadores civiles cubanos.

Durante todos estos años, nuestras tropas eran suficientes para defender la línea asignada y para impedir un avance hacia la profundidad del territorio angolano. Pero en la franja entre Angola y Namibia la correlación favorecía al enemigo. Mientras esta situación se prolongaba, Angola y Cuba no cejaron en la búsqueda de soluciones políticas negociadas, voluntad que se expresaba en las declaraciones conjuntas de febrero de 1982 y marzo

GRANMA

Maestra internacionalista cubana Juana Martínez Rodríguez en Angola, 1988. "Acompañaron al pueblo angolano… a lo largo del más prolongado conflicto que ha conocido África", dijo Raúl Castro en un discurso en 1991.

de 1984, cuyo contenido, a la vez que rechazaba el condicionamiento de la independencia de Namibia a la retirada cubana, planteado por Estados Unidos y África del Sur, ofrecía alternativas razonables coincidentes con las que más tarde se alcanzarían con los acuerdos de Nueva York [de 1988] para la paz en el sudoeste africano.

Antes, sería necesario derrotar nuevamente a los sudafricanos.

Hacia fines de 1987, miles de efectivos sudafri-

canos salieron al encuentro de una agrupación de las FAPLA que dentro del territorio angolano realizaba una importante operación en la dirección al sureste. En el desarrollo de los desiguales combates, una parte de la agrupación angolana llegó a estar amenazada con el cerco y el aniquilamiento en Cuito Cuanavale. De haberse consumado los designios sudafricanos, el revés podría haber ocasionado un colapso de consecuencias imprevisibles.

En esta coyuntura, las fuerzas de que disponíamos en Angola no eran suficientes para enfrentar la situación. Reforzar a costa de ellas a Cuito Cuanavale podía poner en peligro la estabilidad general de nuestra defensa en el frente sur. Por tanto, resultaba imprescindible un refuerzo desde Cuba. A la vez, no debíamos empeñarnos en una batalla decisiva en Cuito, porque era el terreno escogido por el enemigo y donde este tenía todas las ventajas. Allí era preciso organizar una defensa inexpugnable contra la cual se desgastara inútilmente el enemigo. Las acciones decisivas debían librarse en el momento y en el lugar escogido por nosotros, es decir, cuando fuéramos más fuertes y en sus puntos más vulnerables: concretamente, en el flanco sudoccidental.

Para ello, tras las consultas de rigor con el gobierno angolano y un meticuloso planeamiento del estado mayor general de las FAR dirigido por el comandante en jefe, se adoptó el 15 de noviembre de 1987 la histórica decisión de reforzar nuestra agrupación de tropas en la RPA que, como es conocido, llegó a contar con 50 mil efectivos, con la misión de derrotar —en cooperación con las tropas angolanas—, a las tropas invasoras sudafricanas. Llegará el momento de explicar cómo fue posible para un país del Tercer Mundo como el nuestro llevar a cabo esa proeza logística y moral en cuestión de semanas.

Se conoce que el mando sudafricano calculó que no menos de seis meses tardaríamos en trasladar el personal, el armamento y los aseguramientos combativos equivalentes a una división. Más tiempo demoraron los estrategas sudafricanos en darse cuenta [de lo que hacíamos] que nosotros en duplicar el total de nuestras fuerzas y de multiplicarlas varias veces en el frente sur, donde al cabo de 12 años, por primera vez, estuvo en nuestras manos el dominio del espacio aéreo.

Para lograrlo no faltaron hazañas laborales, como

"Más tiempo demoraron los estrategas sudafricanos en darse cuenta de lo que hacíamos, que el tiempo que nos tomó duplicar nuestras fuerzas y multiplicarlas varias veces en el frente sur, donde por primera vez estuvo en nuestras manos el dominio del espacio aéreo".

—*Raúl Castro, mayo de 1991*

JUVENAL BALÁN/JUVENTUD REBELDE

Arriba: Batallón cubano de tanques en Menongue, sur de Angola, 1988.

Izquierda: Lanzacohetes múltiple BM-21 durante operaciones con la Brigada 25 angolana en Cuito. Estas unidades móviles jugaron un papel decisivo en repeler ofensiva sudafricana, 1988.

FOTOS: RICARDO LÓPEZ/GRANMA

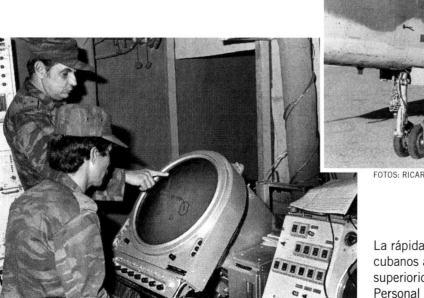

La rápida movilización de pilotos, aviones y artillería cubanos al sur de Angola en 1987 eliminó la superioridad aérea sudafricana. **Izquierda y arriba:** Personal técnico y de radar apoya operaciones aéreas de combate, 1988.

fue la construcción, en 70 días, del aeropuerto de Cahama, que puso a nuestro alcance objetivos vitales del enemigo.

En ese frente desplegamos además una fuerza de golpe que contaba, entre otros medios, con 998 tanques, más de 600 transportadores blindados y 1 600 piezas de artillería, morteros y medios de defensa antiaérea.

Desde Cuba, en jornadas diarias de hasta 20 horas y más, el compañero Fidel, como lo había hecho ya en varias ocasiones desde 1975, dirigió personalmente el trabajo del estado mayor general del MINFAR [Ministerio de las FAR], imprimiéndonos a todos el férreo espíritu de lograr la victoria con un mínimo de bajas, conjugando la audacia y el heroísmo con la filosofía de no exponer la vida de un solo hombre sin haber agotado antes todas las alternativas.

Ese espíritu prevaleció a lo largo de estos 16 años. Se convirtió en una ética y un estilo. Perfiló una maestría combativa en los jefes y se tradujo en una moral que potenciaba, al mismo tiempo, la confianza y el coraje de los combatientes.

Cuito resistió. En sus accesos todas las tentativas sudafricanas por avanzar fueron rechazadas. Su sofisticada artillería de largo alcance, que no cesó de bombardear día y noche, no logró atemorizar a las fuerzas angolano-cubanas y resultó inefectiva. Mientras, por el flanco sudoccidental, una poderosa agrupación a la que se habían sumado unidades de la SWAPO, amenazaba seriamente lugares de importancia estratégica para el enemigo. Los choques con los destacamentos de exploración en Donguena y Tchipa, y el golpe aéreo contra sus posiciones en Calueque, persuadieron a los sudafricanos de que era imposible una victoria militar a expensas de la soberanía angolana y contra las fuerzas combinadas de Angola y Cuba. Así se abrió paso la posibilidad de una solución negociada que incluiría el una y otra vez postergado

GRANMA

"Nuestros combatientes en Angola —infantes, artilleros, tropas ingenieras, zapadores, pilotos, tropas especiales, exploradores y demás— se harán mejores patriotas, más firmes revolucionarios y más convencidos militantes", dijo Raúl Castro. **Arriba:** Unidad de zapadores cubanos desactiva mina antipersonal en Cuito Cuanavale, 1988.

cumplimiento de la Resolución 435/78 del Consejo de Seguridad de la ONU para la descolonización e independencia de Namibia.

Los acuerdos de diciembre de 1988, suscritos en Nueva York, inimaginables sin la Operación Carlota, colocaron la retirada de la agrupación de tropas internacionalistas cubanas en el contexto de una solución global, cuya clave siempre fue la retirada total y previa de los invasores sudafricanos, primero de Angola y luego de Namibia.

El cronograma adoptado como anexo al acuerdo bilateral cubano-angolano para el retiro —ordenado, por etapas y con garantías— de los combatientes cubanos se ha cumplido hoy con antelación. La palabra de Cuba de no permanecer allí ni un día más de lo necesario ha sido honrada. Esta anticipación obedece a un último gesto de los gobiernos de Angola y de Cuba de contribuir a un clima de confianza y a que se haga irreversible la solución negociada del conflicto interno.

Sin la menor intención de humillar al adversario, ni de negar lo que cada una de las partes debió aportar para alcanzar los acuerdos que hemos cumplido de modo estricto y ejemplar, los pueblos de Angola y de Cuba están asistidos del derecho a extraer las reflexiones correspondientes de su victoria.

Victoria rotunda es haber detenido la embestida inicial y enterrado para siempre el mito de la invencibilidad del ejército sudafricano y de los mercenarios; haber ayudado a nuestros hermanos a preservar a Angola como nación independiente desde 1975, durante todos estos años, y que hoy se respete su seguridad, su integridad territorial y la inviolabilidad de sus fronteras.

Victoria histórica es la independencia de Namibia, última colonia de África negra, que continuaría siéndolo y la Resolución 435/78 del Consejo de Seguridad, una más sin cumplir, sepultada en los archivos de la ONU, no obstante la heroica lucha de la SWAPO.

Victoria que se proyecta hacia el futuro, es el logro de una nueva correlación regional en África austral, determinada por las batallas en Angola y en Namibia, por los avances del movimiento antiapartheid y el espacio político que a costa de enormes sacrificios se ha ganado el ANC y la mayoría negra en su lucha por una sociedad y un estado no racistas.

Victoria es haber contribuido a romper los cerrojos que mantuvieron encarcelados más de un cuarto de siglo a Nelson Mandela y a otros patriotas.

Estas victorias pertenecen también a todos los pueblos de África, a los gobiernos que desafiando no pocas presiones colaboraron en la medida de sus posibilidades a la salvación de Angola; a los estados de la Línea del Frente, a la Organización de la Unidad Africana, al Movimiento de Países no Alineados, a todos los pueblos del Tercer Mundo.

Si no se tienen en cuenta esas victorias, es imposible comprender las circunstancias políticas actuales en Angola.

Si hoy el gobierno independiente y soberano de la República Popular de Angola ha alcanzado acuerdos en un proceso de negociación del conflicto interno, es también porque, a pesar de los designios agresivos y de las invasiones sudafricanas, a pesar de la grosera injerencia de Estados Unidos, la integridad del estado angolano fue preservada y es el gobierno legítimo fruto de la lucha anticolonial iniciada el 4 de febrero de 1961[3], el que continúa al frente del país y ofrece una alternativa de paz.

_____

3. El 4 de febrero de 1961, el MPLA inició su acción armada contra el coloniaje portugués. Unos 250 combatientes asaltaron la fortaleza de São Paulo y el cuartel de la policía en Luanda.

Estos acuerdos deben dar lugar a procesos políticos ulteriores. Sean cuales fueren sus resultados, si estos reflejaran la voluntad de la mayoría del pueblo angolano, ejercida en plena y auténtica libertad, el que eso ocurra se explicaría también por esas victorias. Porque lo que anhelaron siempre los enemigos de Angola fue barrer del mapa al MPLA y a la dirección lúcida, consecuente y valerosa del presidente Neto y más tarde del compañero José Eduardo dos Santos.

Nuestra única aspiración, una vez concluida la misión que nos llevó a Angola, es que su pueblo y sus dirigentes puedan escoger, sin injerencias ni presiones de ningún tipo, los caminos para la reconstrucción y el desarrollo de su país. Cuba, como ha hecho en el curso de más de 15 años, respetará siempre la voluntad angolana.

No es posible soslayar, sin embargo, los peligros que acechan al ejercicio real de esa autodeterminación nacional. Cuba es testigo de excepción de la doblez de Estados Unidos en el caso de Angola, cuando asumió la singular condición de mediador y a la vez parte activa en el conflicto interno. Conocemos de las exigencias incontables siempre en favor de los intereses del agresor.

El papel hegemónico que ese país se afana en desempeñar hoy en el mundo, no es precisamente la mejor garantía del respeto a los acuerdos que deben propiciar la estabilidad y la paz al martirizado pueblo angolano.

Compañeras y compañeros: Ante la memoria de los caídos, estamos hoy aquí para rendirles cuentas a todo nuestro pueblo y a la dirección del partido y del gobierno de la misión que se encomendara a las FAR hace casi 16 años.

En los nuevos e inesperados desafíos, siempre podremos evocar la epopeya de Angola con gratitud, orque sin Angola no seríamos tan fuertes como somos hoy.

Si nuestro pueblo se conoce mejor a sí mismo, si conocemos mucho mejor de qué somos capaces todos nosotros, los veteranos y los pinos nuevos, nuestra juventud, ¡es también gracias a Angola!

El prestigio, la autoridad, el respeto de que goza Cuba hoy en el mundo son inseparables de nuestro desempeño en Angola.

Gracias a Angola, comprendemos en todo su alcance la enseñanza del compañero Fidel de que cuando un pueblo como el cubano ha sido capaz

"Si nuestro pueblo conoce mucho mejor de qué somos capaces, es gracias a Angola".

—*Raúl Castro, mayo de 1991*

LÜKO WILLMS/MILITANT

El proceso de rectificación en Cuba a fines de los años 80 —que reavivó las brigadas de trabajo voluntario para construir viviendas, escuelas, círculos infantiles y otras necesidades del pueblo trabajador— sacó fuerza de la misión voluntaria internacionalista de Cuba en Angola.

BOHEMIA

Arriba: Microbrigada de trabajo voluntario en obra de construcción en La Habana, febrero de 1988. **Abajo:** Inauguración de círculo infantil construido por brigadas de trabajo voluntario, La Habana, diciembre de 1987. Entre 1986 y 1991, las brigadas construyeron círculos para 50 mil niños.

de combatir y de sacrificarse por la libertad de otro pueblo, ¡qué no será capaz de hacer por sí mismo!

Si hoy somos más maduros en nuestras reflexiones y decisiones. Si hoy somos más sólidos, más experimentados, ¡es también gracias a Angola!

Si hoy estamos más conscientes de la obra de la revolución, porque palpamos la huella nefasta del colonialismo y del subdesarrollo, ¡tenemos que agradecérselo a Angola!

Si hoy es más profundo nuestro desarrollo político e ideológico, nuestra conciencia revolucionaria, socialista e internacionalista, ¡se lo debemos también a Angola!

Si hoy nuestra experiencia combativa se ha enriquecido, estamos más fogueados y listos para defender a nuestra patria es porque junto a cientos de miles de soldados, 56 622 oficiales pasaron por la escuela de la vida y de la lucha en Angola.

Si nuestro pueblo está preparado para encarar cualquier dificultad en los tiempos que se avizoran, si tiene confianza en sí mismo y en su capacidad de resistir, de continuar desarrollando el país, y

de vencer, ¡en esa seguridad está también la experiencia de cómo ante la adversidad nos crecimos y vencimos en Angola!

Y si a un pueblo le debemos una lección de estoicismo, de grandeza, de espíritu de sacrificio y de lealtad, es al pueblo angolano, que despidió ejemplarmente, con amor y gratitud, a nuestros combatientes internacionalistas.

Hoy, bajo el cielo de la patria, la bandera de combate de la Misión Militar Cubana en la República Popular de Angola flamea con honor junto a nuestra enseña de la estrella solitaria. La gloria y el mérito supremo pertenecen al pueblo cubano, protagonista verdadero de esta epopeya, que corresponderá a la historia aquilatar en su más profunda y perdurable trascendencia.

Permítanme, en nombre de las Fuerzas Armadas Revolucionarias, expresar, como Fidel en los días de la Crisis de Octubre: Hoy más que nunca me siento orgulloso de ser hijo de este pueblo.

A nuestro pueblo y a usted, comandante en jefe, informo: ¡La Operación Carlota ha concluido!

SEGUNDA PARTE

Una contribución sin par a la libertad de África

LA APLASTANTE DERROTA DEL EJÉRCITO RACISTA EN CUITO CUANAVALE FUE UNA VICTORIA PARA TODA ÁFRICA

Nelson Mandela
JULIO DE 1991

Nelson Mandela pronunció este discurso en julio de 1991, apenas dos meses después de que los últimos voluntarios internacionalistas cubanos regresaran de Angola. Él había sido excarcelado el año anterior después de estar preso 28 años. Fue a Cuba para agradecer al pueblo cubano por sus muchos años de apoyo a la lucha del pueblo sudafricano. Aquí se reproducen fragmentos de sus palabras, pronunciadas el 26 de julio ante decenas de miles de cubanos e invitados internacionales en Matanzas, Cuba, en la conmemoración del 38 aniversario del asalto al cuartel Moncada.

Primer secretario del Partido Comunista, presidente del Consejo de Estado y del gobierno de Cuba, presidente de la república socialista de Cuba, comandante en jefe Fidel Castro,

Internacionalistas cubanos, que tanto han hecho por la liberación de nuestro continente,

Pueblo cubano, camaradas y amigos:

Para mí es un gran placer y un honor encontrarme hoy aquí, especialmente en un día tan importante en la historia revolucionaria del pueblo cubano. Hoy Cuba conmemora el 38 aniversario del asalto al cuartel Moncada. Sin el Moncada la expedición del *Granma*, la lucha en la Sierra Maestra y la extraordinaria victoria del primero de enero de 1959 nunca habrían tenido lugar.

Hoy esta es la Cuba revolucionaria, la Cuba internacionalista, el país que tanto ha hecho por los pueblos de África.

Hace mucho tiempo que queríamos visitar su país y expresarles nuestros sentimientos acerca de la Revolución Cubana, y el papel desempeñado por Cuba en África, en África austral y en el mundo.

El pueblo cubano ocupa un lugar especial en el corazón de los pueblos de África. Los internacionalistas cubanos hicieron una contribución a la independencia, la libertad y la justicia en África que no tiene paralelo, por los principios y el desinterés que la caracterizan.

Desde sus días iniciales la Revolución Cubana ha sido una fuente de inspiración para todos los pueblos amantes de la libertad.

Admiramos los sacrificios del pueblo cubano por mantener su independencia y soberanía ante la pérfida campaña orquestada por el imperialismo para destruir los impresionantes logros alcanzados por la Revolución Cubana.

Nosotros también queremos ser dueños de nuestro propio destino. Estamos decididos a lograr que el pueblo de Sudáfrica forje su futuro y que continúe ejerciendo sus derechos democráticos a plenitud después de la liberación del apartheid. No queremos que la participación popular cese cuando el apartheid haya desaparecido. Queremos que el momento mismo de la liberación abra el camino a una democracia cada vez mayor.

Admiramos los logros de la Revolución Cubana en la esfera del bienestar social. Apreciamos la transformación: de un país al que se le había impuesto el atraso, en un país que ha logrado la alfabetización universal. Reconocemos los avances en los campos de la salud, la educación y la ciencia.

Es mucho lo que podemos aprender de su experiencia. De modo particular nos conmueve su afirmación del vínculo histórico con el continente africano y su pueblo.

Su compromiso consecuente con la erradicación sistemática del racismo no tiene paralelo.

Este discurso, así como las palabras del presidente cubano Fidel Castro publicadas a continuación, aparecen en su totalidad en Nelson Mandela, Fidel Castro, *¡Qué lejos hemos llegado los esclavos! Sudáfrica y Cuba en el mundo de hoy* (Pathfinder, 1991).

MARY-ALICE WATERS/MILITANT

"Los internacionalistas cubanos hicieron una contribución a la independencia en África que no tiene paralelo". —*Nelson Mandela, julio de 1991*

"El discurso de Mandela es el más grande tributo rendido a nuestros combatientes internacionalistas", dijo Fidel Castro en un acto en Matanzas, Cuba, en 1991, para recibir al dirigente sudafricano. "…En Cuito Cuanavale ayudamos a resolver el problema del respeto a la integridad de Angola y la independencia de Namibia. Sabíamos que los que luchaban contra el apartheid recibirían también los beneficios de nuestras luchas". Mandela visitó Cuba un año tras ser excarcelado después de estar preso más de un cuarto de siglo. Ya para 1994 se había caído el régimen supremacista blanco.

ANDREW COURTNEY/IMPACT VISUALS

Arriba: El presidente cubano Fidel Castro y Nelson Mandela, presidente del Congreso Nacional Africano, en acto del 26 de julio de 1991 en Matanzas, Cuba. **Abajo:** Trabajadoras se manifiestan en Puerto Elizabeth, Sudáfrica, agosto de 1991. **Derecha:** Concierto en Johannesburgo, marzo de 1990, en saludo a Mandela poco después de su excarcelación.

MARGRETHE SIEM/MILITANT

Pero la lección más importante que ustedes pueden ofrecernos es que no importa cuáles sean las adversidades, cuáles sean las dificultades contra las que haya que luchar, ¡no se puede claudicar jamás! ¡ Se trata de libertad o muerte!

Yo sé que su país atraviesa actualmente muchas dificultades, pero tenemos confianza en que el indoblegable pueblo cubano las vencerá de la misma forma en que ha ayudado a otros pueblos a vencer las que afrontaban.

Sabemos que el espíritu revolucionario de hoy se inició hace mucho tiempo, y que ese espíritu lo despertaron los primeros combatientes por la libertad de Cuba y, de hecho, por la libertad de todos los que sufren bajo la dominación imperialista.

Tambien nosotros hallamos inspiración en la vida y el ejemplo de José Martí, quien no es solo un héroe cubano y latinoamericano sino una figura justamente venerada por todos los que luchan por la libertad.*

Además honramos al gran Che Guevara, cuyas hazañas revolucionarias —incluso en nuestro continente— fueron de tal magnitud que ningún encargado de censura en la prisión nos las pudo ocultar a todos nosotros. La vida del Che es una inspiración para todo ser humano que ame la libertad. Siempre honraremos su memoria.

Venimos aquí con gran humildad. Venimos aquí con gran emoción. Venimos aquí conscientes de la gran deuda que hay con el pueblo de Cuba. ¿Qué otro país puede mostrar un historial de mayor desinterés que la que ha exhibido Cuba en sus relaciones con África?

¿Cuántos países del mundo se benefician de la obra de los trabajadores de la salud y de los educadores cubanos? ¿Cuántos de ellos se encuentran en África?

¿Dónde está el país que haya solicitado la ayuda de Cuba y que le haya sido negada?

¿Cuántos países amenazados por el imperialismo o que luchan por su liberación nacional han podido contar con el apoyo de Cuba?

Yo me encontraba en prisión cuando por primera vez me enteré de la ayuda masiva que las fuerzas internacionalistas cubanas le estaban dando al pueblo de Angola —en una escala tal que era difícil creerlo— cuando los angolanos se vieron atacados en forma combinada por las tropas sudafricanas, el FNLA financiado por la CIA, los mercenarios y las fuerzas de la UNITA y de Zaire en 1975.

Nosotros en África estamos acostumbrados a ser víctimas de países que quieren desgajar nuestro territorio o subvertir nuestra soberanía. En la historia de África no existe otro caso de un pueblo que se haya alzado en defensa de uno de nosotros.

Sabemos también que esta fue una acción popular en Cuba. Sabemos que los que lucharon y murieron en Angola fueron solo una pequeña parte de los que se ofrecieron como voluntarios. Para el pueblo cubano, el internacionalismo no es simplemente una palabra, sino algo que hemos visto puesto en práctica en beneficio de grandes sectores de la humanidad.

Sabemos que las fuerzas cubanas estaban dispuestas a retirarse poco después de repeler la invasión de 1975, pero las continuas agresiones de Pretoria hicieron que esto fuera imposible.

La presencia de ustedes y el refuerzo enviado para la batalla de Cuito Cuanavale tienen una importancia verdaderamente histórica.

¡La aplastante derrota del ejército racista en Cuito Cuanavale fue una victoria para toda África!

¡Esa contundente derrota del ejército racista en Cuito Cuanavale dio la posibilidad a Angola de disfrutar de la paz y consolidar su propia soberanía!

¡La derrota del ejército racista le permitió al pueblo combatiente de Namibia conquistar finalmente su independencia!

¡La decisiva derrota de las fuerzas agresoras del apartheid destruyó el mito de la invencibilidad de los opresores blancos!

¡La derrota del ejército del apartheid sirvió de inspiración al pueblo combatiente de Sudáfrica!

¡Sin la derrota infligida en Cuito Cuanavale, no se habría logrado eliminar la proscripción de nuestras organizaciones!

¡La derrota del ejército racista en Cuito Cuanavale hizo posible que hoy yo pudiera estar aquí con ustedes!

¡Cuito Cuanavale marca un hito en la historia de la lucha por la liberación de África austral!

¡Cuito Cuanavale marca un punto álgido en la lucha por librar al continente y a nuestro país del azote del apartheid!

---

*Un poco antes durante el acto del 26 de julio, se le había otorgado a Mandela la Orden José Martí, la más alta distinción que confiere la República de Cuba a personas que no son ciudadanos.

EL MÁS PROFUNDO TRIBUTO JAMÁS RENDIDO A NUESTROS COMBATIENTES INTERNACIONALISTAS

Fidel Castro
JULIO DE 1991

Estaría mal por parte nuestra resaltar la modesta contribución de Cuba a la causa de los pueblos, pero escuchando el discurso de Mandela pienso, compañeras y compañeros, que es el más grande y el más profundo tributo que se les ha rendido jamás a nuestros combatientes internacionalistas. Pienso que sus palabras han de quedar como escritas en letras de oro en homenaje de nuestros combatientes. Él fue generoso, muy generoso; él recordó la epopeya de nuestro pueblo en África, allí donde se manifestó todo el espíritu de esta revolución, todo su heroísmo y toda su firmeza.

¡Quince años estuvimos en Angola! Cientos y cientos de miles de cubanos pasaron por allí y otros muchos miles pasaron por otros países. Era la época en que el imperialismo daba cualquier cosa con tal de que Cuba se retirara de Angola y cesara en su solidaridad con los pueblos de África. Pero nuestra firmeza fue mayor que todas las presiones y fue mayor que cualquier beneficio que nuestro país pudiera sacar si hubiese cedido a las exigencias imperialistas, si es que realmente puede haber alguna vez beneficio en el abandono de los principios y en la traición.

Estamos orgullosos de nuestra conducta, y de Angola regresaron victoriosas nuestras tropas. Pero ¿quién lo ha dicho como lo dijo él? ¿Quién lo ha expresado con esa honestidad, con esa elocuencia? Lo que nosotros no hemos dicho porque nos lo impide la elemental modestia, lo ha expresado él aquí con infinita generosidad, recordando que nuestros combatientes hicieron posible mantener la integridad y alcanzar la paz en la hermana república de Angola; que nuestros combatientes contribuyeron a la existencia de una Namibia in-dependiente. Él añade que nuestros combatientes contribuyeron a la lucha del pueblo de Sudáfrica y del Congreso Nacional Africano (ANC). Él ha dicho que la batalla de Cuito Cuanavale cambió la correlación de fuerzas y abrió posibilidades nuevas.

No éramos ajenos a la importancia del esfuerzo que allí realizábamos desde 1975 hasta la última hazaña, que fue aceptar el desafío de Cuito Cuanavale: a más distancia que la que hay entre La Habana y Moscú, adonde puede llegarse en 13 horas de vuelo sin incluir las escalas. Para llegar a Luanda desde La Habana hacen falta de 14 a 15 horas de vuelo, y Cuito Cuanavale estaba allá en un rincón de Angola —en dirección sureste— a más de mil kilómetros de Luanda. Allí nuestro país tuvo que aceptar el reto.

Como les contaba el compañero Mandela, en esa acción la revolución se jugó todo, se jugó su propia existencia, se arriesgó a una batalla en gran escala contra una de las potencias más fuertes de las ubicadas en la zona del Tercer Mundo, contra una de las potencias más ricas con un importante desarrollo industrial y tecnológico, armada hasta los dientes, a esa distancia de nuestro pequeño país y con nuestros recursos, con nuestras armas. Incluso corrimos el riesgo de debilitar nuestras defensas, y debilitamos nuestras defensas. Utilizamos nuestros barcos, única y exclusivamente nuestros barcos y nuestros medios para cambiar esa correlación de fuerzas que hiciera posible el éxito de los combates; porque a tanta distancia no sé si se libró alguna vez alguna guerra entre un país tan pequeño y una potencia como la que poseían los racistas sudafricanos.

Fragmentos del discurso pronunciado por Fidel Castro en Matanzas, Cuba, el 26 de julio de 1991, inmediatamente después de las palabras de Nelson Mandela.

Todo nos lo jugamos en aquella acción, y no fue la única vez. Creo que nos jugamos mucho, mucho, mucho también cuando en 1975 enviamos nuestras tropas a raíz de la invasión sudafricana a Angola.

Allí estuvimos 15 años, repito. Tal vez no habría hecho falta tanto tiempo, de acuerdo con nuestro pensamiento, porque de acuerdo con nuestro pensamiento aquel problema lo que había era que resolverlo y, sencillamente, prohibirle a Sudáfrica las invasiones a Angola. Esa era nuestra concepción estratégica: si queremos que haya paz en Angola, si queremos que haya seguridad en Angola, hay que prohibirles a los sudafricanos que hagan invasiones a Angola. Y si queremos impedirles a los sudafricanos, prohibirles que hagan invasiones, hay que reunir las fuerzas y los medios necesarios para impedírselo. Nosotros no teníamos todos los medios, pero esa era nuestra concepción.

La situación verdaderamente crítica se creó en Cuito Cuanavale, donde no había cubanos porque la unidad cubana más próxima estaba a 200 kilómetros al oeste, lo cual nos llevó a la decisión de emplear los hombres y los medios que hicieran falta —por nuestra cuenta y nuestro riesgo—, enviar lo que hiciera falta aunque fuese necesario sacarlo de aquí.

Cuito Cuanavale es el lugar que se hizo histórico, pero las operaciones se extendieron a lo largo de toda una línea de cientos de kilómetros y se derivó de ellas un movimiento hacia el suroeste de Angola de gran importancia estratégica. Todo eso se simboliza con el nombre de Cuito Cuanavale, que fue donde empezó la crisis; pero alrededor de 40 mil soldados cubanos y angolanos con más de 500 tanques, cientos de cañones y alrededor de mil armas antiaéreas —en su inmensa mayoría armas antiaéreas nuestras que sacamos de aquí— avanzaron en dirección a Namibia, apoyados por nuestra aviación y un aeropuerto de avanzada construido en cuestión de semanas.

No voy a hablar aquí de pormenores y detalles de los combates, estrategias y tácticas; eso lo dejaremos a la historia. Pero íbamos decididos a resolver el problema por nuestra cuenta y riesgo, unidos a los angolanos; íbamos decididos a poner fin de una vez y por todas a las invasiones a Angola. Los hechos resultaron tal como los preveíamos —y nosotros no queremos ofender a nadie, no queremos humillar a nadie— porque cuando se creó esa correlación de fuerzas, esa nueva correlación de fuerzas (y en nuestras manos había una invencible tropa, una invencible e incontenible tropa), se crearon las condiciones para las negociaciones en las cuales participamos durante meses.

Allí hubieran podido tener lugar grandes batallas, pero era mejor ante la nueva situación resolver en la mesa de negociaciones el problema del respeto a la integridad de Angola y la independencia de Namibia. Nosotros sabíamos, ¡cómo íbamos a ignorarlo!, que aquellos acontecimientos habrían de influir profundamente en la propia vida de África del Sur, y era una de las razones, una de las motivaciones, uno de los grandes estímulos que nos impulsaban. Porque sabíamos que, al resolver el problema allí en Angola, las fuerzas que luchaban contra el apartheid recibirían también los beneficios de nuestras luchas.

¿Lo hemos dicho así alguna vez? No, nunca. Y tal vez no lo habríamos dicho nunca, porque pensamos que, en primer término, los éxitos que ha obtenido el ANC se deben, por encima de cualquier solidaridad internacional, por encima del enorme apoyo externo —de opinión pública en algunos casos, de acciones armadas en el caso nuestro— en lo determinante y en lo decisivo al heroísmo, al espíritu de sacrificio y de lucha del pueblo sudafricano dirigido por el ANC.

Este hombre, en estos tiempos de cobardía y de tantas cosas, ha venido a decirnos esto que nos ha dicho en la tarde de hoy. Es algo que no podrá olvidarse jamás y que nos da la dimensión humana, moral y revolucionaria de Nelson Mandela.

TERCERA PARTE

La Revolución Cubana se vio fortalecida

EL PUEBLO DE CUBA APOYÓ NUESTRO ESFUERZO

Armando Choy, Gustavo Chui y Moisés Sío Wong
2005

Armando Choy, Gustavo Chui y Moisés Sío Wong, tres jóvenes rebeldes de ascendencia cubano-china, fueron combatientes en la guerra revolucionaria de 1956–58 que derrocó a la dictadura de Fulgencio Batista respaldada por Washington y que abrió paso a la profunda transformación revolucionaria de Cuba. Durante los siguientes años de lucha, cada uno de ellos llegó a ser general de brigada de las Fuerzas Armadas Revolucionarias de Cuba y cumplió múltiples misiones internacionales.

WATERS: En distintos momentos entre 1975 y 1991 ustedes tres cumplieron misión en Angola. ¿Nos pueden decir un poco más sobre esta misión internacionalista?

CHUI: La Revolución Cubana ha cumplido el legado de los internacionalistas en las guerras de independencia y en otras luchas desde entonces. Los generales Máximo Gómez, que era dominicano; Carlos Roloff, polaco; Luis Marcano, dominicano; Juan Rius Rivera, puertorriqueño, todos pelearon por la independencia de Cuba.

CHOY: Henry Reeve, *El Inglesito*.

CHUI: El Inglesito, que era norteamericano.

CHOY: Y Thomas Jordan, otro norteamericano, quien había peleado en la guerra de secesión del lado de la Confederación.

CHUI: En nuestra historia hemos contado con muchos internacionalistas que han luchado por nuestra libertad. Nosotros hemos sido consecuentes con este legado.

Cuando llevamos a cabo misiones en otros países que piden nuestra ayuda, tenemos la oportunidad de hacer lo mismo que hicieron ellos.

Le prestamos ayuda al Congo, por ejemplo, a la República de Guinea, cuando Sekou Touré era presidente. En diversos momentos también ayudamos a Guinea-Bissau, Cabo Verde, Somalia, Etiopía, Argelia, Siria, Yemen, Omán, Sierra Leona, São Tomé y Príncipe, Benín, Guinea Ecuatorial y otras naciones en África y el Medio Oriente.[1]

En América podemos contar a Nicaragua, Granada, Guyana e incluso hoy a Venezuela, entre otros.

Debemos destacar que esta ayuda ha sido de todo tipo, tanto médica, constructiva, educacional, cultural, como en misiones militares.

SÍO WONG: Nuestro pueblo sostiene ideas socialistas e internacionalistas. Así se nos ha educado. ¿Qué otro país puede ofrecer 4 mil, 5 mil médicos para que realicen trabajo voluntario internacionalista cuando le solicitan ayuda? Pero no solamente médicos, sino también nuestros soldados. Los 375 mil combatientes cubanos que fueron a Angola entre 1975 y 1991, fueron todos voluntarios. Puede que eso no se conozca mucho, pero es un hecho.

A cada uno se le preguntaba: "¿Usted está dispuesto?"

"No, yo tengo a mi mamá enferma", podría responder alguien.

Se le contestaba: "Ah no, usted no va".

Era un voluntario de verdad. Esa fue una de las condiciones que establecieron el partido y Fidel. ¿Cómo se puede arriesgar la vida por una causa justa si no se es voluntario? No, no hay forma de hacerlo.

La batalla de Cuito Cuanavale

WATERS: Nelson Mandela llamó a la batalla de Cuito Cuanavale en 1987–88 "un punto álgido en

---

Reproducido de *Nuestra historia aún se está escribiendo: La historia de tres generales cubano-chinos en la Revolución Cubana*, por Armando Choy, Gustavo Chui y Moisés Sío Wong (Pathfinder, 2005).

la historia de África". No obstante, fuera de Cuba —y en gran parte de África— la batalla es muy poco conocida.

Sío Wong: En Cuito Cuanavale a finales de 1987, el enemigo casi logra cercar totalmente a una agrupación de tropas nuestras y angolanas. Y allí se dio la batalla decisiva. La batalla duró más de cuatro meses, y en marzo de 1988 se derrotó al ejército sudafricano. Esa derrota marca el inicio del fin, de obligarlos a sentarse a la mesa de negociaciones. Y ellos aceptaron un acuerdo.

Porque si no, se seguía la ofensiva…

Chui:… podía peligrar su estabilidad.

Sío Wong: Sí. Y a consecuencia de su derrota se logró la independencia de Namibia, sale Mandela después de más de 27 años de prisión.

Chui: "Se le partió el espinazo al ejército sudafricano", para usar las mismas palabras de Fidel.

Sío Wong: ¿Cómo es posible que los sudafricanos, con todo su poder militar, económico, tuvieran que sentarse en la mesa de negociaciones? Desde el punto de vista estratégico, llevamos a cabo una operación de disuasión. Nuestra estrategia fue de concentrar una masa de tanques en el sur de Angola. ¿Cuántos tanques había, Chui? ¿Quinientos, mil? Deben estar los datos exactos. Era una fuerza disuasiva, que podía cruzar hacia Namibia y seguir hacia abajo.

El concepto fue siempre echar la batalla con las menores bajas posibles. ¿Cómo se logra eso? Teniendo una superioridad en la correlación de fuerzas.

En un momento de esa operación, nuestras tropas en Angola llegaron a 50 mil hombres, equipados con artillería, tanques, aviación, de los cuales un 80 por ciento estaban desplegados en el sur. Allí hicimos caminos para nuestros tanques y artillería. En dos meses construimos un aeropuerto para que nuestra aviación pudiera darles cobertura en el frente, porque los sudafricanos

tenían una gran cantidad de aviones. Hasta ese momento tenían superioridad aérea.

Los dirigentes dan el ejemplo

Waters: Compañero Chui, ¿cuáles fueron sus responsabilidades en relación con la campaña de Angola?

Chui: Desde septiembre de 1971, fui segundo jefe de la Décima Dirección de las Fuerzas Armadas Revolucionarias, la unidad encargada de la ayuda internacionalista. Estaba al mando del comandante Raúl Díaz Argüelles, quien había participado en la guerra de liberación de Guinea-Bissau. En diciembre de 1975, apenas a un mes de empezada nuestra misión internacionalista de combate en Angola, Argüelles, que estaba al mando de nuestras fuerzas allá, cae al estallar una mina, y fui designado jefe de esta dirección.

Como explicaba Moisés, yo también he tenido el honor de trabajar con tres jefes: Fidel, Raúl y Almeida. Almeida fue mi jefe en la Sierra y ahora en la Asociación de Combatientes de la Revolución Cubana.

Trabajé con Raúl en el Ministerio de las Fuerzas Armadas Revolucionarias desde muy joven. Él me ha enseñado y educado. En esta institución fui jefe de varias direcciones: Armamentos, Décima Dirección, y Cuadros. También fui sustituto del jefe del Estado Mayor General.

A partir de septiembre de 1975, por dos años, tuve el honor de participar junto a Fidel y Raúl en el Puesto de Mando Especial para la dirección de nuestras fuerzas en la primera etapa de la ayuda internacionalista al pueblo de Angola. El puesto de mando de la Operación Carlota, como se conocía, dirigía el envío de fuerzas y aseguramientos, primero a nuestros instructores, y luego a nuestras tropas voluntarias en ese país.

Adquirí muchas experiencias y también recibí mis buenos "cocotazos" de Fidel. Pero es así que se aprende y se forman los cuadros de dirección.

Koppel: ¿En qué año estuvo en Angola?

Chui: Estuve temporalmente en 1976, y con posterioridad cumpliendo misión en 1986, hasta 1988. Moisés, Choy y yo participamos en Angola.

Pero no solo eso. La mayoría de los oficiales de las fuerzas armadas en esa época cumplieron misión internacionalista en uno o más países africanos.

---

1. La historia de algunas de estas acciones anteriores se narra en *Pasajes de la guerra revolucionaria: Congo* por Ernesto Che Guevara (Barcelona: Grijalbo-Mondadori, 1999), *De la sierra del Escambray al Congo: En la vorágine de la Revolución Cubana* por Víctor Dreke (Pathfinder, 2002) y *Misiones en conflicto: La Habana, Washington y África, 1959–1976* por Piero Gleijeses (La Habana: Editorial de Ciencias Sociales, 2007).

Allí adquirimos experiencia combativa, de organización de las tropas, transportación, aseguramiento logístico. En algunos momentos lo hicimos juntos con los soviéticos.

En 1977 participé en el establecimiento de la misión militar en Etiopía, y también integré similares comitivas en los casos de Mozambique, en 1977, y Nicaragua en 1979.

En 1986 me designaron como sustituto del jefe de estado mayor de la misión cubana en Angola, cargo que desempeñé hasta diciembre de 1987. En aquel momento fui designado, a solicitud propia, jefe de la Operación XXXI Aniversario, que era el refuerzo en tropas y armamento para la batalla de Cuito Cuanavale, que había empezado en noviembre. Esa operación la organizó y dirigió el comandante en jefe.

Sío Wong: Les voy a hacer un relato que dice un poco sobre cómo Fidel dirigió las operaciones de Angola. En 1984 o 1985, cuando Fidel fue a la Unión Soviética para asistir a los funerales del secretario general del Partido Comunista, no recuerdo si fue Andropov o Chernenko.[2] Había una sala llena de mariscales y generales quienes se preguntaban dónde era que Fidel había estudiado estrategia, arte operativo, arte militar. Veían cómo Fidel había conducido la guerra en Angola y estaban asombrados.

Concebir una operación de esa envergadura a 10 mil kilómetros de distancia. Que no es una operación guerrillera. ¡Estábamos dirigiendo una guerra regular! ¿Cómo podía un país pequeño, sin grandes recursos —como tiene la Unión Soviética o tiene Estados Unidos— asegurar una operación a tal distancia? ¿Cómo podía derrotar a un ejército como el sudafricano, junto al ejército zairense y a los mercenarios?

Chui es testigo. Él estaba en el puesto de mando donde noche a noche Fidel dirigía la operación.

Fidel incluso conocía mejor el terreno que los que estábamos allá en Angola. "Ponte en el río tal, en la lomita tal", decía en sus cables. Es lo mismo que hacía en la Sierra Maestra, que él se la conocía como la palma de la mano. "Fulano, vete y ponte en tal loma", decía. Mandaba un mensaje, al Che, a Ramiro [Valdés]: "Ocupa tal posición". En Angola era igual. Le enviaba un mensaje al general Leopoldo Cintra Frías, quien era el jefe de la misión militar al final: "Polo, pon tres tanques en el camino tal. No te dejes envolver por el flanco".

Waters: Numerosos altos oficiales cubanos ofrecieron su vida en Angola. Chui mencionaba a Raúl Díaz Argüelles, su comandante y jefe de la misión. Raúl [Castro], en uno de sus tributos a los caídos en combate en Angola, señaló que una cuarta parte eran oficiales. Usted mismo, Chui, fue seriamente herido. ¿Cómo sucedió?

Chui: Fue trasladando mi brigada de combate para la provincia de Malanje, en el norte de Angola. El 5 de marzo de 1988, yo iba al frente del tercer convoy, donde se trasladaban los medios técnicos. Mi ve-

CORTESÍA DE GUSTAVO CHUI

Arriba: Gustavo Chui (al frente, centro) pasa revista a brigada tanquista, Luanda, 1987. **Abajo:** El jeep de Chui, destruido por mina antipersonal, 5 de marzo de 1988. Chui quedó críticamente herido, perdiendo una pierna.

2. El secretario general del Partido Comunista de la Unión Soviética Yuri Andrópov murió en febrero de 1984. Fue remplazado por Konstantin Chernenko, quien murió en marzo de 1985.

hículo accionó una mina antitanque reforzada, y volé casi 20 metros. Quedé en un estado muy crítico.

Nuestro comandante en jefe envió un avión para traerme a Cuba, dado el estado crítico en que me encontraba. Luego de mucho batallar, la ciencia médica logró salvarme la vida. Pero para hacerlo tuvieron que amputarme la pierna derecha, que la tenía en muy mal estado. Como es típico, Fidel se interesaba a diario por mi salud, dando indicaciones precisas de cómo actuar. Fui atendido primeramente en el Hospital Hermanos Ameijeiras por un equipo multidisciplinario muy competente; y posteriormente fui trasladado para mi restablecimiento al CIMEQ [Centro de Investigaciones Médico Quirúrgicas], terminando mi rehabilitación en el Hospital Militar Carlos J. Finlay.

Sío Wong: En nuestro ejército el jefe tiene que ser ejemplo. Nosotros le atribuimos a eso mucha importancia. Es igual con el cuadro revolucionario. Eso está en nuestro código de ética de los cuadros. El jefe debe ser un ejemplo.

Eso fue siempre característico del Che. Porque él era incapaz de dar una orden que no pudiera cumplir personalmente. Y con Raúl y Fidel es igual.

Durante la guerra revolucionaria, como mencioné antes, los compañeros tuvieron que escribirle a Fidel y pedirle que no participara en los combates. Fue igual con Raúl, en el Segundo Frente Oriental. Porque Fidel y Raúl se exponían mucho en el combate. Por eso es que uno los sigue. Es una cualidad que Raúl ha inculcado a nuestros jefes militares. Son los primeros en el combate, primeros en el ejemplo personal, en la austeridad, en la forma de vida.

A Raúl los imperialistas y los contrarrevolucionarios y mafiosos de Miami le han creado una imagen tipo duro y hasta sanguinario, pero es todo lo contrario. Conozco a Raúl hace más de 40 años, de ellos siete trabajando directamente con él. Es un hombre de una exquisita sensibilidad humana. Toda su vida la ha dedicado a luchar por el pueblo. Es capaz de atender los más importantes problemas del país y estar al tanto de otros problemas familiares y personales de los compañeros y de la población.

En la vida privada, fuera del servicio, somos amigos. He compartido con su familia y algunas veces mi hermana Angelita lo invita a una comida china, pero en el trabajo él es el ministro y yo soy

el subordinado. Es muy recto y exigente.

Por eso hemos podido organizar unas fuerzas armadas, con esa disciplina, con esa entrega, con esa dedicación, preparados para cualquier cosa. Como ha dicho Fidel públicamente, Raúl es el organizador de un ejército disciplinado, un ejército proletario.

Choy: Raúl exige disciplina, la misma disciplina que él tiene. Usted lo ve ahí cómo está vestido. Ahora le exige que uno ande con gorra, que esté abotonado; él cumple el reglamento del vestuario de las fuerzas armadas estrictamente. Su uniforme siempre está abotonado correctamente.

La misión estratégica cubana

Waters: Durante la mayor parte del tiempo que los voluntarios cubanos estuvieron en Angola, ustedes tuvieron que bregar con la UNITA, la fuerza angolana encabezada por Jonas Savimbi, que tenía respaldo de Sudáfrica y de Washington. ¿Cuál era la actitud de las fuerzas armadas cubanas hacia la UNITA?

Sío Wong: Nosotros no participamos directamente en la lucha angolana contra los bandidos de la UNITA dirigidos por Savimbi, que fue quien más se interpuso a la consolidación de la independencia de Angola. Nosotros asesoramos a las fuerzas armadas angolanas, pero no fuimos a combatir contra la UNITA.

Estábamos allí para ayudar a los angolanos, a los namibios, pero enfrentando la intervención sudafricana; enfrentando las agresiones externas. No estábamos allí para apoyar a uno de los grupos dentro del país. Es importante decirlo claramente. Nosotros fuimos muy cuidadosos, de que nuestras tropas no participaran en el combate entre los angolanos.

Fidel lo ha explicado en numerosas ocasiones. La misión estratégica de nuestra tropa era rechazar una invasión de Sudáfrica e impedir una invasión de Zaire. Nosotros no bajábamos de la frontera con Namibia. El problema interno lo tenían que resolver entre ellos, las partes beligerantes. Para nosotros eso siempre estuvo claro.

Choy: Solo combatíamos a la UNITA cuando nos atacaba. Nuestra misión estratégica era impedir que una invasión de Sudáfrica o de Zaire liquidara el proceso revolucionario, nacionalista e independentista en Angola.

CHUI: Las guerras civiles son muy crueles, pues ciudadanos de una misma nacionalidad, y hasta familias, se enfrentan unos con otros.

SÍO WONG: También tuvimos que ser muy cuidadosos porque los angolanos tenían asesoramiento soviético y de nosotros también. Aquello fue muy complejo.

Tuvimos muchas discusiones con jefes militares soviéticos sobre la formación de las fuerzas armadas populares de Angola. Porque su enfoque y el nuestro iban en dos direcciones totalmente diferentes. Los soviéticos planteaban crear grandes divisiones, brigadas de tanques, un ejército clásico. Y en el alto mando nuestro, Fidel decía que los angolanos lo que necesitaban eran unidades ligeras, no grandes unidades. Allí la selva no permitía grandes unidades de tanques.

Para una invasión extranjera estábamos nosotros allí con los grupos tácticos. Estos estaban compuestos de pequeñas unidades de infantería, tanques, artillería y defensa antiaérea, diseñadas para que se pudieran mover muy rápido, con gran maniobrabilidad.

Además, por información de inteligencia conocíamos que los sudafricanos tenían siete armas atómicas tácticas. Lo teníamos que tener en cuenta. Eso lo sabían los americanos también, pero les permitieron a los sudafricanos que las tuvieran. Un arma nuclear te liquida una gran unidad en seguida. Entonces nuestras unidades tenían que ser pequeñas, que no fueran tan vulnerables.

CHUI: También debíamos tener en cuenta el largo del tramo para el abastecimiento. El aseguramiento de estas unidades más pequeñas no era algo tan voluminoso tampoco.

SÍO WONG: Con los soviéticos tuvimos discusiones largas y nunca nos pusimos de acuerdo. El tiempo nos dio la razón.

Las negociaciones con Sudáfrica

KOPPEL: Compañero Choy, ¿cuándo estuvo en Angola?

CHOY: En Angola estuve en 1980–81. Yo era sustituto del jefe de la misión para la Defensa Antiaérea y Fuerza Aérea. El comandante en jefe y el ministro de las FAR también me asignaron a colaborar con mi contraparte angolana para organizar la defensa antiaérea y la fuerza aérea de Angola.

Eso no era fácil, porque se coordinaba con los soviéticos. Los soviéticos enviaban la técnica y nosotros el personal.

KOPPEL: ¿Qué hizo después de retornar de Angola?

CHOY: Al regresar a Cuba en 1981 fui designado a diversos cargos en la dirección de la Defensa Antiaérea y Fuerza Aérea Revolucionaria (DAAFAR).

En diciembre de 1986, el Consejo de Estado me nombró embajador en Cabo Verde, cargo que desempeñé hasta 1992. Durante esa época, en Isla Sal, que es parte de las islas de Cabo Verde, después de su derrota en la batalla de Cuito Cuanavale, se alcanzó el acuerdo con los sudafricanos. El acuerdo entre los gobiernos se firmó después en Naciones Unidas en Nueva York, pero fue en Isla Sal donde se acordó el 27 de julio de 1988 entre las delegaciones sudafricana, angolana y cubana. La esencia del acuerdo era que ellos se retirarían definitivamente de Angola, si las unidades blindadas cubanas detenían su avance hacia la frontera con Namibia y se dislocaban en una línea al norte del río Cunene, al sur de Angola.

Ese mismo día de la propuesta en Isla Sal, la vanguardia de la brigada de tanques de Enrique Acevedo había cruzado el río Cunene. Pero atrás venían varias brigadas más. Prácticamente ya íbamos para la frontera de Namibia. Los sudafricanos estaban asombrados del curso de los acontecimientos. Hay una anécdota de esto ocurrida en las negociaciones de Isla Sal.

Como les decía, los sudafricanos habían planteado que estaban dispuestos a retirarse definitivamente de Angola si las unidades militares cubanas detenían su marcha hacia la frontera con Namibia y regresaban a una línea al norte del río Cunene. Los sudafricanos dieron la línea. Cuando la delegación militar cubana analizó la línea, se dio cuenta que estaba tan cerca del río que cuando había lluvia eso era un fanguizal. Y los tanques ahí no podían moverse, corriéndose el peligro real de que cientos de estos medios blindados fueran fáciles blancos inmóviles en caso de reanudarse la guerra. Por lo que la delegación propuso una línea más alejada todavía de la frontera con Namibia.

Al proponer esto, los sudafricanos dijeron: "Bueno, ¡parece que los cubanos son muy buenos!"

Después vino una nueva reunión en Isla Sal, un

año y pico después, para verificar la implementación del acuerdo. La delegación sudafricana en esa segunda reunión la encabezaba el viceministro primero de relaciones exteriores Van Heerden, quien trataba el tema de Angola allá, más cuatro generales de ellos. Nuestra delegación incluía al general Leopoldo Cintra Frías (Polito) y a mí.

Los sudafricanos realmente empezaron tratando de sobornarnos. Van Heerden empezó a explicar que Sudáfrica destinaba 500 millones de rands [200 millones de dólares] anuales para "sostener" a Namibia. Y dijo que estaban dispuestos —ya entonces Namibia era libre— a seguir aportándole a Namibia este dinero, siempre y cuando en la frontera hubiera tranquilidad. ¿Qué quería decir esto? Que no se apoyara al Congreso Nacional Africano [ANC] ni a otros movimientos de Sudáfrica. Es decir que, prácticamente, nos pedía que cometiéramos una traición y que presionáramos a la SWAPO [Organización Popular del África Sudoccidental] para que traicionara la lucha antiapartheid en Sudáfrica. Por supuesto, la máxima dirección política de nuestro país no aceptó.

En un momento de la reunión, el jefe de nuestra delegación, Carlos Aldana, le dice al general Cintra Frías, "General, infórmele al señor Van Heerden qué armamento hemos retirado".

Polito informa la cifra en hombres, cañones y 800 tanques.

Van Heerden se quedó así, boquiabierto.

Sabían que aun con las fuerzas retiradas, en el sur de Angola todavía quedaban miles de cañones, tanques y otros medios blindados y hombres.

"¿Y qué van a hacer ustedes en Cuba con tantos tanques y tantos cañones?", preguntó Van Heerden.

Se le respondió: "Seguramente se los daremos a las Milicias de Tropas Territoriales".

Pero él seguía boquiabierto. Claramente, esa fuerza los sudafricanos no la habrían podido resistir en su avance hacia la frontera con Namibia.

Toda Cuba respalda el esfuerzo de Angola

WATERS: General Sío Wong, ¿cuáles fueron sus tareas?

SÍO WONG: Cumplí misión en Angola en 1976. Fui jefe de logística, es decir, del aseguramiento de la misión militar: una operación realizada a 10 mil kilómetros de distancia por un país pequeño.

Recuerdo que leí un artículo en el *New York Times*, que decía que cómo se asombraba el gobierno norteamericano de la operación que habíamos hecho. Decía que tuvo un aseguramiento logístico extraordinario, de cómo a los soldados cubanos en la trinchera no les faltaba ni el Havana Club. Mentira, eso era mentira. Quizás estaban pensando cómo a los soldados americanos les llevan hasta el pavo del día de fiesta, el helado, etcétera.

El aseguramiento, sí. El combatiente tiene que tener un apoyo mínimo. Nosotros pudimos hacer eso porque somos un país socialista. Dentro de lo que permitían nuestras limitaciones materiales, todos los recursos necesarios se pusieron a la disposición.

Hay que reconocer la valentía de los compañeros que se montaban en aquellos Britannias viejos. Esos aviones de cuatro motores, obsoletos, y que para el comienzo de la misión angolana a mediados de los 70 ya estaban prácticamente en desuso. Les instalamos unos tanques de combustible adicionales para que pudieran llegar desde aquí hasta Isla Sal, frente a la costa de África occidental. Primero tenían que hacer una escala en Guyana y después otra en Isla Sal. Los primeros instructores llegaban a Angola de tres saltos. Para volar en aquellos Britannias había que ser valiente, estar dispuesto a jugarse la vida. Después, los soviéticos aprobaron el uso de los Il-62 para hacer varios vuelos, para llevar a parte de nuestras tropas. Me acuerdo que fueron 10 vuelos al principio de la misión. Yo fui en uno de esos vuelos.

Se llevaron miles de efectivos y una gran cantidad de técnica de combate. Fue una operación secreta que se hizo también desde varios puertos. Utilizamos nuestra flota mercante para hacer el envío por mar. Eso solamente lo podía hacer un país como Cuba. Con ese espíritu solidario.

Repito: para estas misiones internacionalistas pusimos a todo el país en función de ese esfuerzo. Porque consideramos que era algo vital.

No, no les llevamos la botella de Havana Club, pero todo lo imprescindible sí estaba asegurado. Mantuvimos un puente de abastecimiento a una distancia de 10 mil kilómetros. Eso lo hacen países tan poderosos como Estados Unidos, Rusia, que tienen grandes flotas de aviones y barcos. Los militares de Estados Unidos, por ejemplo, tienen diseñadas sus fuerzas armadas para librar dos guerras

LOS 'MANICEROS' DEL PUERTO DE MARIEL

Dos obreros portuarios del puerto de Mariel cerca de La Habana —entre los miles de cubanos que mantuvieron las líneas de abastecimiento para Angola— recuerdan con orgullo su aporte a la misión en Angola cuando se inició en 1975. René Brito Gómez era jefe de brigada en el puerto de Mariel.

RENÉ BRITO GÓMEZ

Lo primero que se hizo fue una selección —no podía ser cualquiera— muy rigurosa de quiénes podían trabajar. Se trabajaban las 24 horas seguidas. ¡Muchos barcos! ¡Mucha carga! Y sabíamos que era cuestión de tiempo, de ganar tiempo. Supimos que los compañeros que estaban en Angola combatiendo, fajados allí de campaña a campaña, por la liberación de Angola, dependían en gran medida del esfuerzo de nosotros.

Se trabajaba día y noche, día y noche... hasta debajo del agua. Hay que decir que el entusiasmo que mostraban los compañeros durante toda esa actividad solamente lo podía producir la propia revolución.

MAXIMILIANO L. VELÁZQUEZ

Cuando salíamos de nuestras casas para el puerto, decíamos que íbamos a descargar un barco de maní. Por eso es que nos decían los maniceros, porque en ningún momento les hablábamos a las señoras de lo que verdaderamente estábamos haciendo.

Listos ya para partir hacia el puerto, venía la pregunta:

"¿Adónde van?"

"Vamos a descargar un barco de maní".

Y pasábamos meses sin ir a la casa. Muchos portuarios, después cuando llegaban a sus hogares, tenían problemas, porque había veces que las mujeres pensaban que uno estaba de fiesta por ahí, que uno andaba de rumba. Y nosotros estábamos trabajando. Sabíamos que estábamos cumpliendo con un deber. Pero eso lo sabíamos solo nosotros. Los portuarios cumplimos con ese deber y estamos dispuestos a volverlo a hacer, si fuera necesario".

Tomado de Miltón Díaz Cánter, *Operación Carlota: Pasajes de una epopeya* (La Habana: Verde Olivo, 2006), pp. 33-34.

en dos frentes al mismo tiempo. Y tienen la técnica de combate para eso. Y tienen todo el aseguramiento, toda la logística.

Por haber sido jefe de logística, me llamó la atención ese artículo en el *New York Times*. Pero ese esfuerzo se logró porque el país completo se puso en función de esto, a fin de poder mantener el aseguramiento de esas tropas. Eso aún no está escrito en la historia, pero fue una hazaña.

Desde el punto de vista humano: nuestras tropas fueron a Angola a una misión internacionalista. También eso fue parte del trabajo anónimo de nuestro pueblo. La gente no preguntaba para dónde iba, porque tampoco se podía decir. Por ejemplo: íbamos a embarcar tal regimiento por el puerto de Nuevitas, en Camagüey. Y allá se les ponía una leyenda, que decía que el regimiento de La Habana iba a una maniobra allá al polígono nacional de las FAR. Y se embarcaba el regimiento en secreto en la noche. En una travesía sin escolta, en que podían hundir un barco perfectamente. O sea, un barco cargado con mil combatientes, fácilmente podía ser atacado por un pirata de esos con una lancha rápida, podía atacarlo con un bazucazo. Nosotros corríamos ese riesgo. Por eso había que hacerlo en secreto.

Eso lo van a tener que estudiar algún día las academias militares. ¿Cómo fue posible? Fue con la participación de todo el pueblo, indudablemente.

CHUI: Ese esfuerzo tenía un apoyo de la población en general. De eso no cabe duda. El pueblo podía apreciar esa visión de liderazgo que se estaba demostrando. Confiaba en Fidel como líder. Aun cuando el campo de batalla estaba en Angola, entendían perfectamente las instrucciones que llegaban de aquí y las seguían directamente.

Un punto álgido en la historia de África

KOPPEL: En Estados Unidos la gente sabe muy poco del papel de la Revolución Cubana para ayudar a las luchas antiimperialistas en Angola y el resto de África. Pero va a haber gran interés para saber de esto.

CHUI: Nosotros fuimos un factor determinante

CORTESÍA DE MOISÉS SÍO WONG

"¿Cómo fue posible para un país pequeño abastecer una misión a una distancia de 10 mil kilómetros?" preguntó Moisés Sío Wong. "Fue posible con la participación de todo el pueblo, indudablemente". **Arriba:** Sío Wong, segundo de la izquierda, dirige operación en Angola, 1976

en los años 70 en la conquista de la independencia de las tres grandes colonias del imperio portugués en ese continente: Angola, Mozambique y Guinea-Bissau y Cabo Verde. Sin embargo, hay hechos que no se destacan mucho.

En el caso de Guinea-Bissau, por ejemplo, el PAIGC [Partido Africano para la Independencia de Guinea y Cabo Verde], dirigido por Amílcar Cabral, solicitó la ayuda cubana en la lucha por la independencia de su país. Y nuestras tropas desempeñaron un papel importante en el derrocamiento del ejército portugués, quedando liberada la mayor parte de Guinea-Bissau para 1973. Ese suceso tuvo un enorme impacto en el gobierno de Portugal, y contribuyó a la "Revolución de los Claveles" de 1974, a partir de lo cual se produjo un "efecto dominó" en las colonias portuguesas: le siguió Angola, Mozambique y São Tomé y Príncipe.[3]

Choy conoce bien esa historia, de los años que fue embajador en Cabo Verde.

Destaque especial merece el caso de Angola, donde nuestras tropas permanecieron luchando

---

3. La dictadura portuguesa fue tumbada en abril de 1974 (ver el glosario, Revolución portuguesa). Mozambique obtuvo su independencia en junio de 1975. São Tomé y Príncipe logró la independencia en julio de 1975, Angola en noviembre de 1975.

junto al pueblo angolano durante más de 15 años, y no solo ayudamos a derrotar al ejército sudafricano, sino también a la eliminación del apartheid y la independencia de Namibia.

De nuestro desempeño en África, los cubanos no trajimos nada material para Cuba. Solo nuestros muertos, heridos y la satisfacción del deber cumplido.

Sío Wong: La historia demostró que teníamos razón. Nosotros no estábamos luchando solamente por Angola. Estratégicamente, estábamos luchando contra el apartheid. Y efectivamente en Cuito Cuanavale, cuando se le partió el espinazo a ese ejército, tuvieron que sentarse a la mesa de negociaciones, darle la independencia a Namibia, liberar a Nelson Mandela y acelerar el proceso que poco después llevó a la destrucción del apartheid mismo.

Angola fortaleció a la Revolución Cubana

Waters: ¿Qué impacto tuvo aquí en Cuba? No todo el mundo estuvo de acuerdo en emplear esos recursos o mantener esa trayectoria tantos años. ¿Cómo fortaleció la lucha antiimperialista en África a la Revolución Cubana?

Choy: Bueno, realmente fue un fortalecimiento ideológico. Porque todos los que fuimos habíamos estudiado sobre la esclavitud, sobre la explotación del hombre por el hombre, la explotación de los países del sur de África. Habíamos estudiado los males que el colonialismo hizo y hace todavía. Pero solo lo habíamos leído en los libros.

En el caso personal mío —y estoy seguro que a otros cubanos les pasó lo mismo— llegamos allí y pudimos ver con nuestros propios ojos lo que era el sistema colonial. Una total diferenciación entre los blancos, los europeos —en este caso eran los portugueses— con los nacionales nativos. Vimos la explotación a que eran sometidos. Nosotros veíamos un país tan rico como ese y, sin embargo, para nosotros las condiciones en que vivían los angolanos eran infrahumanas. Porque les robaban las riquezas del país. Porque vimos que los colonialistas no preservaban los bosques ni las tierras.

A veces nosotros íbamos en los vehículos, y las personas que iban por ahí se quitaban de la carretera corriendo cuando oían que veníamos. Luego supimos por qué. Bajo el régimen portugués, si los nativos no se quitaban, a veces los colonialistas les daban con el vehículo. Y entonces ya a través de generaciones de maltratos de ese tipo, cada vez que sentían que venía un vehículo se quitaban corriendo. Y no solo de la orilla. Se quitaban porque habían sido maltratados durante años y siglos.

La principal lección de esta misión fue el palpar la crueldad del colonialismo con los nativos y el robo sin recato de sus riquezas naturales. Un país con tantas riquezas naturales como Angola y, sin embargo, ¡la población enfrentando las necesidades más básicas!

Por eso decía que conocer la verdad nos fortaleció ideológicamente. Igual sucede siempre que vemos cómo en muchos países capitalistas una capa de la población carece de las condiciones básicas para vivir. La primera vez que pasé por Madrid, por ejemplo, fue en un mes de diciembre con mucho frío. En la Gran Vía —que es la principal arteria de esa gran ciudad— vi durmiendo personas tapadas con sacos, con periódicos, cerca del escalón de calefacción.

Hay cosas que uno leyó en los libros y que uno creía que eran ciertas. Pero hasta que uno no las vio, no pudo comprender con profundidad la realidad sobre la que Carlos Marx escribió. Esa, creo, es una de las lecciones que todos aprendimos de esas misiones internacionalistas.

Son las mismas lecciones que aprenden los médicos nuestros, los entrenadores de deportes y de otras especialidades que van a muchos de esos países, incluso países que tienen riquezas naturales, pero que tienen un atraso tremendo y tienen grandes contrastes. Los recursos no se usan en función de la masa de la población. Y este atraso no es solo en África, sino en América también.

Bolivia por ejemplo, tiene muchas minas de estaño, tiene petróleo y gas natural. Sin embargo, allí hay un atraso tremendo. Ecuador, igual, aun cuando es uno de los principales exportadores de petróleo. Siempre hay problemas sociales, porque gran parte de la población vive en condiciones virtualmente infrahumanas. Hasta que uno no ve esas realidades, no comprende hasta dónde llega el problema. No comprende las necesidades de esos pueblos. El contacto directo con ellos fortalece nuestra comprensión. Esas misiones hicieron concreto ese entendimiento.

En misiones diplomáticas uno ve esa misma realidad desde otro ángulo. Yo pude ver las presiones que Washington y las demás potencias imperialistas ejercen sobre esos países.

Una vez estaba hablando con el secretario de estado de la cooperación de Cabo Verde, cargo equivalente al de viceministro del exterior. Era una buena persona, teníamos buenas relaciones. "El embajador norteamericano habló conmigo sobre este problema y nos amenazó con que si la postura nuestra era tal", me explicó, "ellos iban entonces a restringirnos la ayuda económica". Esas son cosas

CORTESÍA DE ARMANDO CHOY

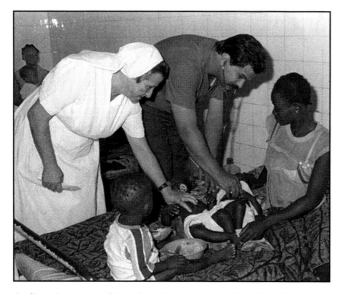

Arriba: Armando Choy (centro, izquierda) en Angola, marzo 1981. A la extrema derecha el General Ramón Pardo Guerra. **Abajo:** Médico cubano (centro) en el único hospital en Cabinda, 1987. Una brigada médica cubana trabajó junto a personal de Angola y otros países. "La principal lección de esta misión fue el palpar la crueldad del colonialismo con los nativos y el robo sin recato de sus riquezas naturales", dijo Choy.

que lees, pero es distinto cuando uno mismo las ve y las oye. Yo tuve oportunidad de observarlo cuando era diplomático. Y a veces tampoco puedes hacer manifestación de palabra. Yo pensé que los caboverdianos debían hacer una declaración, pero ellos no lo hicieron. Y eran países amigos. Ellos evitaban hacer una declaración que chocara con los intereses de Estados Unidos.

Eso era así.

CHUI: Como decía Choy, esta experiencia a todos nos desarrolló desde el punto de vista político-ideológico. Pero el mayor impacto lo tuvo en los soldados. En Angola y otros países de África ellos palparon el analfabetismo, la miseria, la incultura, la insalubridad, la situación en la que viven todavía esos pueblos.

Déjenme decirles una anécdota. Una vez en Angola matamos un puerco, y yo le dije a uno de los soldados cubanos que le diera un pedazo de pierna a los angolanos, a lo que estos respondieron que no lo querían. Al indagar por qué no lo querían, respondieron que querían las vísceras, las tripas. Eso era lo que el amo colonial acostumbraba darles siempre. Estaban acostumbrados a comer eso. En realidad no les gustaba otra parte, por no tener el hábito.

Nuestros combatientes pudieron observar que en esos países hay poblaciones que tienen necesidades que nosotros no las tenemos y aprendieron en general muchas lecciones, adquirieron valiosas experiencias de las desigualdades e injusticias del mundo de hoy.

Hay muchos en el mundo que detractan nuestra actitud de ayudar a los pueblos de otras naciones que combaten la opresión imperialista. Pero en Cuba esto nos permitió consolidar el desarrollo político e ideológico de esa juventud que fue a combatir y ayudar a otros pueblos, que comprendieron la justeza de su lucha y se enorgullecieron posteriormente de su misión. No podría haber mejor ejemplo de esto que el de los Cinco Héroes que actualmente son prisioneros del imperio a causa de la misión internacionalista que estaban llevando a cabo en defensa del pueblo cubano contra ataques terroristas. Ellos son parte de esta generación y tres de ellos cumplieron misión en Angola.[4]

---

4. En las pp. 109–21 aparecen relatos de los tres —Gerardo Hernández, Fernando González y René González— sobre sus experiencias en Angola.

Sío Wong: Además de lo que expresaron los compañeros, hay que agregar lo que experimentan nuestros jóvenes médicos cuando van a otros países. Es chocante. Que se les muera un paciente porque no tiene dinero. Eso no lo tenemos aquí en Cuba. Esa vivencia vale más que 100 lecciones del manual de marxismo. Es una preparación tremenda para los jóvenes.

Ahora no tenemos misiones internacionales combativas. Tenemos otro tipo de misión, con médicos, maestros y demás. El simple hecho que estos compañeros van y viven en un país capitalista tiene un impacto profundo. Eso es algo que nosotros tres lo vivimos cuando crecimos. Pero los jóvenes de hoy no lo vivieron.

Uno puede decirle mucho a los hijos sobre cómo fue el pasado. Me acuerdo que cuando era joven mis hermanos hablaban del machadato, la dictadura de Machado que hubo aquí en los años 30. Me hablaban de la gran crisis económica de aquellos años. Pero no es lo mismo que verlo, palparlo, vivirlo. No es lo mismo decir, "el capitalismo es esto y esto", no es lo mismo. No, vívelo ahí. Eso es una experiencia para nuestros jóvenes, para nuestro pueblo. Porque después quienes van —médicos, instructores, técnicos, especialistas— eso se lo transmiten a toda la familia.

Waters: ¿Tuvo un impacto la misión internacionalista en Angola en la disposición de defensa cubana?

Sío Wong: Quería hablar sobre eso, también, de cómo nos ha servido a nosotros. Más de 375 mil cubanos adquirieron experiencias combativas reales en Angola. Eso tiene que tomarlo en cuenta el Pentágono cuando hace sus análisis.

Ahora están desclasificando algunos documentos, como algunos sumamente secretos de la Crisis de Octubre de 1962. Revelaron de forma muy concreta cómo los gobernantes norteamericanos evalúan sus decisiones. Kennedy le preguntó a los jefes del Pentágono qué cantidad de bajas iban a tener en una invasión a Cuba. Y le dijeron que el cálculo era de 18 mil en los primeros 10 días. El cálculo es muy grande, el precio sería muy costoso.[5]

Como decía el comandante en jefe que en la Crisis de Octubre aquí nadie tembló ni se atemorizó. Realmente hay un pueblo dispuesto, firme y decidido.

Eso es lo que el Pentágono debe tomar en cuenta.

---

5. Esto se describe en *Haciendo historia: Entrevistas con cuatro generales de las Fuerzas Armadas Revolucionarias de Cuba* (Pathfinder, 2001), pp. 35–37.

NUESTROS VOLUNTARIOS APRENDIERON CÓMO HABÍA SIDO CUBA

Luis Alfonso Zayas
2011

Luis Alfonso Zayas fue integrante del primer grupo de reclutas que a principios de 1957 reforzó al núcleo del Ejército Rebelde, el cual combatía a las fuerzas de la dictadura de Batista en la Sierra Maestra de Cuba oriental. Llegó a ser general de brigada de las Fuerzas Armadas Revolucionarias de Cuba y dirigente provincial del gobierno y del partido. Cumplió tres misiones voluntarias en Angola.

WATERS: Te incorporaste como voluntario a la misión internacionalista de Cuba en Angola tres veces, en tres momentos distintos con responsabilidades diferentes. Comencemos desde el principio. ¿Cómo empezó la ayuda cubana a Angola y cuáles eran sus fines?

ZAYAS: Llegué a Angola por primera vez a principios de diciembre de 1975. En esos momentos las fuerzas sudafricanas, apoyadas por el gobierno de Estados Unidos, estaban apenas a 300 kilómetros de la capital, Luanda, avanzando desde el sur. Ya estaban en la línea que va desde Porto Amboim a Quibala. Ellos tenían una fuerza potente, con vehículos blindados, artillería, aviones e infantería.

Desde el norte, con otra fuerza potente, se acercaba a Luanda el FNLA, dirigido por Holden Roberto y apoyado por los gobiernos de Zaire y Estados Unidos. Estaban a 20 kilómetros, en Quifangondo. Prácticamente estaban a las puertas de la capital.

Y también estaban las fuerzas de la UNITA, dirigidas por Jonas Savimbi. UNITA tenía el apoyo político y militar de los sudafricanos y del imperialismo norteamericano. Les daban armamento y abastecimientos de todo tipo.

Frente a esa dura situación, Agostinho Neto, el presidente de Angola y dirigente del MPLA, le pidió ayuda a Cuba. Cuba había apoyado al MPLA desde 1965, en las primeras etapas de la lucha guerrillera contra los portugueses. Si Neto no hubiera solicitado el apoyo de Cuba, o si las fuerzas cubanas no hubieran llegado a tiempo, la fuerza militar sudafricana habría tomado Luanda. La UNITA y Savimbi, o el FNLA y Holden Roberto, se habrían instalado en el gobierno, frustrando la lucha del pueblo angolano por la independencia.

La población de Luanda apoyaba al MPLA, que había dirigido la lucha contra el colonialismo portugués. Pero el MPLA no tenía la organización ni los medios para lograr una estabilidad en la defensa de la ciudad. Se vio acorralado. Con el apoyo de los voluntarios cubanos, el ejército angolano —las FAPLA, Fuerzas Armadas Populares de Liberación de Angola— los rechazó.

KOPPEL: ¿Cuáles eran tus responsabilidades?

ZAYAS: Llegué a Angola a principios de diciembre de 1975 para trabajar junto a Jorge Risquet, ayudando a Agostinho Neto en el trabajo del partido y del gobierno.

Pero eso cambió. Por la situación militar, las tropas angolanas y cubanas estaban lanzando una ofensiva hacia el norte, hacia un punto en la frontera con Zaire que se llamaba San Antonio do Zaire, hoy Soyo.

Cerca de la medianoche del 31 de diciembre, estábamos reunidos en la misión militar cubana analizando la operación ofensiva. Se planteó que faltaba un oficial que coordinara las acciones entre las fuerzas angolanas —las FAPLA— y las cubanas que las iban a apoyar. Yo me brindé. Abelardo

Reproducido de *Soldado de la Revolución Cubana: De los cañaverales de Oriente a general de las Fuerzas Armadas Revolucionarias* por Luis Alfonso Zayas (Pathfinder, 2011).

Colomé —"Furry", según lo conocemos— era jefe de la misión militar cubana en Angola. Como yo estaba subordinado a Risquet, Colomé me dijo que si él lo autorizaba, yo podía ir, con lo que Risquet estuvo de acuerdo.

Eso fue como a la 1:00 de la madrugada. Ya a las 4:30 yo estaba listo para salir.

Risquet me dijo que había dos compañeros que habían estado con él anteriormente en África para que me ayudaran con cualquier cosa.[1] Los fui a buscar en un jeep cubano y salimos, con otro chofer y otro escolta que yo tenía. Éramos cinco. Ese mismo día alcanzamos a la fuerza angolana apoyada por los tanques y artillería cubana.

Estas tropas habían tenido un combate con el FNLA y las fuerzas zairenses en Nambuangongo, como a 50 kilómetros al norte de Luanda. Después del encuentro se habían retirado, y allí fue donde los alcancé. Seguimos buscando para salir a la provincia de Uíge, que entonces se llamaba Carmona. Allí estaban Holden Roberto y el estado mayor del FNLA. Para llegar tuvimos que dar una vuelta grandísima, porque todos los puentes por la costa habían sido volados por el enemigo. Maniobramos por toda una lomería y salimos por la carretera que va de Luanda a Carmona.

Por todos esos pueblecitos había grupitos del FNLA. Pero cuando sentían la artillería y los tanques que llevábamos nosotros, huían. La Novena Brigada de las FAPLA, que iba con nosotros, tenía una compañía de soldados que habían sido comandos del ejército portugués y combatían muy bien. Ellos iban en unos camioncitos que tenían el asiento paralelo pero hacia fuera. Cuando llegaban a esos pueblos se desplazaban para ambos lados y avanzaban. Hacían huir a todas las fuerzas del FNLA que quedaban por ahí.

Uno de esos pueblecitos en la carretera era Quitexe. Decían que allí había dos compañías del FNLA y una compañía de mercenarios blancos de Portu-

gal y otros países.[2] En ese pueblo hubo un combate ya más fuerte. El combate duró unas horas y las fuerzas del FNLA sufrieron unas cuantas bajas.

Después de que tomamos Quitexe continuamos hasta Carmona [Uíge], que queda a unos 200 kilómetros de la costa. Cuando llegamos, ya había sido tomado por otra columna de las FAPLA que venía desde otra dirección, al mando del comandante Víctor Schueg Colás, un cubano. Después de un encuentro, el FNLA se había retirado hacia el norte.

Después salimos en dirección oeste hacia Ambrizete —hoy se llama N'zeto— y Ambriz, dos pueblecitos que están por la costa. Entre Carmona y Ambrizete, los portugueses habían construido una pista aérea inmensa y tropas francesas y belgas de la OTAN tenían autorización de utilizarla. El FNLA tenía fuerzas en un pueblecito allí, apoyadas por una compañía de mercenarios blancos. Combatimos contra ellos y tomamos el pueblo y el aeropuerto, con almacenes llenos de armas y municiones, así como nueve bombas grandísimas de napalm. Se unió a nosotros un batallón motomecanizado que había mandado Fidel para apoyar la columna de Schueg y que fue con nosotros a Ambrizete.

Las fuerzas enemigas en Ambrizete estaban apoyadas por una compañía de mercenarios blancos, y algunos coreanos que eran expertos en voladura de puentes. Cuando las tropas enemigas se retiraron por un puente muy grande y alto sobre un río de corriente rápida, el Mbridge, lo volaron. No podíamos cruzar y tuvimos que esperar que viniera una balsa del sur. No pudimos pasar todo el equipo militar por dos semanas, cuando llevaron una *changada*, que es como una patana de dos motores.

Ya Schueg iba llegando a la provincia de San Salvador, hoy M'banza Congo. Es la provincia angolana que está más al norte —aparte de Cabinda— y hace frontera con Zaire. En esa zona estaba todavía la dirección del FNLA, junto con 40 o 50 mercenarios blancos. Allí hubo varios

---

1. De agosto de 1965 a enero de 1967, Risquet encabezó un contingente de combatientes internacionalistas cubanos en la antigua colonia francesa de Congo-Brazzaville. Este destacamento, conocido como la Columna 2, se concibió inicialmente como unidad de apoyo para la Columna 1, dirigida por Ernesto Che Guevara, que estaba ayudando a las fuerzas de liberación en la ex colonia belga del Congo. Se le dio a Risquet y a la dirección de la Columna 2 la responsabilidad de iniciar la colaboración con el MPLA y la ayuda a este.

2. Al describir la conducta de estos mercenarios y de las fuerzas del FNLA hacia la población angolana, el *New York Times* dijo el 30 de enero de 1976, "Informan refugiados que estos pueblos… han sido totalmente saqueados y que sus habitantes han huido… Se dice que las unidades del ejército de Zaire han sido las más activas en el saqueo".

"A solicitud de Angola, había colaboradores cubanos de educación, de la construcción, de la salud, de todas las especialidades. A partir de 1977 había más de 3 mil cubanos civiles trabajando en Angola". —*Alfonso Zayas*

"Donde hay un médico", dijo Fidel Castro al primer contingente de voluntarios que salían rumbo a Angola en septiembre de 1975, "surgen inmediatamente necesidades de su servicio". Bajo el dominio portugués, Angola solo tenía 90 médicos. Después de la independencia, todos con la excepción de 30 abandonaron el país.

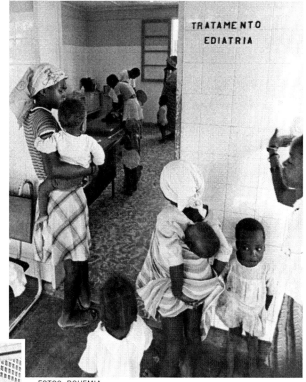

FOTOS: BOHEMIA

Arriba: Sala pediátrica en hospital de Luanda, con personal cubano, 1976. **Izquierda:** Instructora cubana enseña anatomía en escuela de enfermería del hospital de Luanda, 1976.

FOTOS: GRANMA

Más de 50 mil voluntarios civiles cubanos cumplieron misión en Angola entre 1975 y 1991. **Izquierda y arriba:** Maestros cubanos dan clases en Angola en 1983 y 1988, respectivamente.

mercenarios muertos y se cogió prisionero a su principal dirigente, Callan. Más tarde él fue procesado y ejecutado.[3] Nosotros seguimos desde el sur, por la costa, hasta San Antonio do Zaire. Allí murió en combate un mercenario y cogimos preso al segundo jefe de ellos, John Baker.

Salimos de Luanda el 31 de diciembre de 1975 y alcanzamos la orilla del río Congo, que divide a Zaire de Angola, al cabo de más de un mes, el 7 de febrero de 1976. Celebramos la liberación del norte con una ceremonia en que se izó la bandera, a la que llegaron cuatro miembros del Buró Político del MPLA, entre ellos Lúcio Lara e Iko Carreira. Mis 10 días se habían convertido en casi seis semanas.

A partir de allí me quedé para entrenar a los angolanos, de modo que pudiéramos entregarles los tanques, la artillería y los lanzacohetes BM-21 que habíamos traído. En abril se hizo la entrega de toda la técnica a los angolanos.

Después regresé a Luanda, para ayudar a organizar un desfile para conmemorar el aniversario de la creación de las fuerzas armadas angolanas el 2 de agosto de 1974. No se había hecho antes un desfile de esa magnitud en Luanda.

Vine de regreso para Cuba a finales de 1976.

WATERS: Después del éxito de la operación en el norte a principios de 1976, ¿se mantuvo esa parte de Angola bajo el control del gobierno angolano, o hubo otros combates posteriores en esa región?

ZAYAS: En ese momento, en 1976, ya se dio como liberado el norte. Estaba en manos del MPLA. Por eso Holden Roberto se fue de Angola y se fue a vivir en Zaire. Estaba a sueldo de la CIA y su residencia estaba en Zaire, donde estaba casado con una cuñada del dictador Mobutu Sese Seko. Después hubo otras complicaciones, y la lucha siguió.

KOPPEL: ¿Y la acusación de que los cubanos estaban interviniendo en una lucha interna entre angolanos?

ZAYAS: Es cierto que había una lucha interna entre las distintas organizaciones en Angola: el FNLA, el MPLA, la UNITA, el FLEC —el Frente de Liberación del Enclave de Cabinda—. Pero los cubanos no interfirieron en eso.

En parte las divisiones eran regionales, basadas en tribus diferentes. En el norte la población por lo general apoyaba al FNLA. En el sur apoyaban a la UNITA. Y en la región central apoyaban al MPLA. En Cabinda estaban con el FLEC.

Pero, ¿de qué se trataba? A UNITA y al FNLA los apoyaban Zaire, los sudafricanos y el gobierno de Estados Unidos. Ya no era cosa entre angolanos. Había injerencia imperialista para tratar de frustrar la independencia de Angola y tomar control de Angola cuando se fueran los portugueses.

Los cubanos estábamos defendiendo a Angola sobre todo de la agresión sudafricana, pero también de Zaire, ambos apoyados por el gobierno norteamericano. Nosotros no nos metimos en la lucha interna entre estas organizaciones. Eso era un problema entre angolanos. Eso lo tenían que resolver ellos.

WATERS: ¿Cuándo regresaste a Angola?

ZAYAS: Como decía, regresé a Cuba a finales de 1976. Pero a principios de 1977, después de estar como dos meses en la isla, Risquet me pidió que volviera para Angola.

A solicitud de Angola, empezaba a incrementarse la colaboración cubana en todos los niveles. Había colaboradores cubanos de educación, de la construcción, de la salud, de todas las especialidades. A partir de 1977 había más de 3 mil cubanos civiles trabajando en Angola, en 16 de las 18 provincias.

Entonces creamos una estructura central de dirección para el personal cubano en Angola, tanto a nivel nacional como en cada provincia. Fue para eso que Risquet pidió que yo fuera a ayudar. Yo venía siendo un segundo de Risquet de toda la misión civil: el abastecimiento, las relaciones con el gobierno angolano, etcétera.

Para esto yo tenía que visitar todas las provincias. Tenía que ir hasta Cuando Cubango en el sur —que está a dos horas y media de vuelo— para llevar los abastecimientos y establecer la misión allí. Diez o 12 compañeros iban a trabajar en esa provincia, donde estaba fuerte la UNITA. Era la zona donde más tarde se dieron las batallas de Cangamba y de Cuito Cuanavale.[4] La UNITA llegó

---

3. El "coronel Callan" —que no era coronel— era un chipriota de nombre Costa Georgiou que había sido un paracaidista británico a quien le habían dado licenciamiento deshonroso por atracar una oficina de correos en Irlanda del Norte.

4. Cangamba fue escenario de una batalla de siete días en agosto de 1983, en el que unos 800 combatientes de la FAPLA y cubanos, sin alimentos ni agua, combatieron a más de 3 mil soldados de la UNITA y les asestaron una derrota decisiva.

"Fidel dirigió la guerra de Angola como si estuviera aquí en Cuba", recordó Alfonso Zayas. "Él sabía lo que estaba pasando en cada puntito de Angola. Le llegaba diariamente información de los que estábamos allá". **Arriba:** Fidel Castro explica situación militar en Angola, 1976.

a tener un ejército poderoso ahí, apoyado por los sudafricanos y con el apoyo del imperialismo norteamericano.

El 27 de mayo de 1977, unos meses después de que llegué para mi segunda misión, se dio un intento de golpe de estado contra la dirección del presidente Neto. Nito Alves fue el jefe de aquella revuelta contrarrevolucionaria.

Nito Alves era el ministro de gobernación. Tenía un dominio prácticamente por todo el país, porque era quien nombraba los comisarios provinciales, que en la práctica eran el gobierno en las provincias. Alves tenía el apoyo de la gente que él había nombrado. Hubo un momento en que ya no gobernaba el MPLA sino la fracción de Nito Alves dentro del MPLA, la "microfracción", según se llegó a conocer.

Participaron varios miembros del Buró Político del MPLA. Entre ellos estaba Monstruo Inmortal. Su verdadero nombre era Jacobo Caetano. Era miembro del Buró Político, jefe de operaciones de las FAPLA y prácticamente el brazo derecho de Agostinho Neto. También estaba Bakaloff —Eduardo Evaristo— que era el jefe político de las FAPLA.

O sea, el golpe contrarrevolucionario tenía como dirigentes al jefe político del ejército, su jefe de operaciones, el ministro de gobernación, un grupo de ministros y casi todos los comisarios políticos de todas las provincias.

¿Qué pasó?

Las fuerzas de Nito Alves ocuparon la estación de radio del gobierno en Luanda. Esa emisora allí jugaba un papel decisivo, ya que era una de las pocas fuentes de información y la gente la escuchaba con mucha atención. Las emisiones de la estación en Luanda se retransmitían y se ponían en cadena en todas las emisoras provinciales. La microfracción empezó a hablar mal del MPLA por la emisora. Así empezaron sus acciones.

Pusieron un pionero a hablar.[5] No era tan pionero, sino un hombre joven, pero lo daban como pionero. Le dieron un panfleto para leer, criticando a Neto. Hasta ese momento habían hablado mal del MPLA, pero de Neto no hablaban nada.

Por la emisora le decían al pueblo que fuera al palacio presidencial, donde está el gobierno. Y el pueblo fue para allá.

Koppel: ¿Cuál fue la respuesta de los cubanos que estaban ahí colaborando con el gobierno angolano?

Zayas: Los cubanos no sabíamos quién era quién, cuál era el uno y cuál era el otro. Pero los cubanos estábamos en todas las provincias, y los jefes de nuestras misiones civiles dominaban los problemas allá. Tenían buenas relaciones con los comisarios provinciales, con las FAPLA, con el ministerio de gobernación, las fuerzas de seguridad.

En cada provincia, cuando los cubanos escucharon lo que estaba pasando, inmediatamente dijeron, "¡Nada, de eso nada!" Uno de ellos era Rafael Moracén, asesor cubano del jefe del regimiento presidencial de Neto en el palacio de gobierno. Cuando los partidarios del golpe fueron al palacio presidencial, atendiendo el llamado de los golpistas por la radio, se enfrentaron con ese regimiento y fueron rechazados.

Moracén fue entonces para la emisora con fuerzas angolanas y cubanas dentro de tanques. La microfracción, al tener la emisora tomada, prácticamente tenía el poder en sus manos, porque por ahí podían dar orientaciones a todas partes. Pero la brigada de Moracén retomó la emisora.

En aquel momento yo estaba en el Hotel Presidente, grabando lo que decía la emisora. Cuando llegó Moracén, se le escuchó decir, "A ver, ¿qué

---

5. La Organización de Pioneros era una organización de niños angolanos creada por el MPLA en 1975.

es lo que está pasando aquí? A ver, tú, ¿qué estás diciendo de Neto?" Se escuchaba su voz: "¡Neto es el presidente aquí!" Es lo que decía Moracén.

Una vez que se tomó la emisora, se tranquilizó la situación.

Desempeñaron un papel decisivo los cubanos que estaban de jefe de la misión civil cubana en cada una de las provincias, conjuntamente con las fuerzas armadas cubanas. Controlaron la situación. Teníamos una gran influencia a todos los niveles, empezando por Neto, que siempre fue muy receptivo a la ayuda que estaban dando los cubanos. Y en todas las provincias había esa receptividad. La asesoría cubana se aceptaba por el papel que habíamos tenido al derrotar la invasión sudafricana. Cuando nos solicitaban consejos, los ofrecíamos. Expresábamos nuestras opiniones —con mucho tacto— y los angolanos con los que trabajábamos eran muy receptivos.

WATERS: ¿Cuáles eran las diferencias entre la dirección de Neto y la microfracción? ¿Qué había tras la intentona golpista?

ZAYAS: Ambición de poder y riqueza. Angola tiene petróleo, tiene oro, diamantes, todo. Es un país con una inmensa riqueza mineral.

WATERS: Fidel ha hablado de las diferencias entre los asesores cubanos y los soviéticos en Angola. ¿Cuál fue tu experiencia?

ZAYAS: Los soviéticos tenían algunos asesores en Angola, aunque no muchos. Tenían una concepción militar estratégica distinta de la nuestra. Los soviéticos estaban a favor de grandes ejércitos. Pero lo que se necesitaba en Angola no eran grandes ejércitos ni una gran estrategia militar. La ayuda que necesitaban era más bien práctica.

Los soviéticos sí apoyaron mucho en armamento y técnica. Fue para Angola, pero manejado por los cubanos. ¿Por qué? Porque pocos angolanos sabían manejar aquella técnica. Había que entrenarlos. Además, los soviéticos habían tenido tropiezos en África, donde habían mandado armamento y apoyo y después se lo quitaba el enemigo o se dejaba botado. Por eso el armamento soviético lo manejaba la fuerza cubana.

Aquí en Cuba se prepararon muchos técnicos angolanos y personal de las fuerzas armadas angolanas. Los soviéticos también prepararon angolanos: a pilotos, ingenieros de combate, personal de comunicaciones, etcétera, les enseñaron la técnica. Prepararon a mucho personal militar angolano en Rusia. Pero en general los angolanos aceptaban más la asesoría cubana que la soviética. Entendían mejor nuestra asesoría, porque era más práctica, se ajustaba más a las necesidades y al carácter de la lucha en África.

WATERS: ¿Y respecto al papel de Fidel Castro en la dirección de la operación en Angola?

ZAYAS: Fidel dirigió la guerra de Angola, usando un mapa, como si estuviera aquí en Cuba. Él sabía lo que estaba pasando en cada puntito de Angola. Le llegaba diariamente información de los que estábamos allá y por sus enlaces, que iban y venían.

A veces Fidel sabía cosas que uno no se imaginaba, y daba indicaciones de qué había que hacer. "Hagan esto y esto, porque los sudafricanos les van a hacer esto y esto otro". Y tenía razón. Fidel dirigió la batalla de Cuito Cuanavale contra los sudafricanos, como si estuviera en el puesto de mando avanzado del combate en Angola.

Las grandes decisiones de enviar fuerzas a Angola las tomó Fidel. El gobierno americano nunca se imaginó que Cuba pudiera mandar 50 mil hombres armados a combatir en África. ¿Cómo podía Cuba hacerlo, si no teníamos barcos transatlánticos

Washington nunca se imaginó que Cuba pudiera mandar a miles de hombres a combatir en África, dijo Luis Alfonso Zayas. "Nuestras fuerzas llegaron en el momento que hacían falta". **Arriba:** Vehículo blindado regresa para Cuba tras derrota de las fuerzas sudafricanas, 1988.

"Los grandes estrategas del gobierno norteamericano eran incapaces de concebir la conciencia que demostraron los cubanos", dijo Alfonso Zayas. **Arriba:** Zayas (izquierda, con lentes oscuros) en avión con dirigentes militares angolanos, entre ellos el viceministro de las fuerzas armadas João Luís Neto (derecha, leyendo periódico), conocido por su nombre de guerra, Cheto, en 1976. Zayas cumplió tres misiones en Angola.

mercantes preparados para el transporte de soldados, ni Angola tampoco los tenía? Pero claro, los cubanos estamos preparados para los sacrificios mayores, y así logramos mandar todas nuestras fuerzas a Angola. Todos los grandes estrategas del gobierno norteamericano eran incapaces de imaginarlo.

¿Cómo fue posible enviar a miles de hombres en viejos aviones de hélice de pasajeros y en barcos mercantes? En los barcos tenían que viajar en la bodega donde cargan las mercancías. No podían salir a la cubierta, porque así los descubrían. ¿Entonces cómo hacen sus necesidades? ¿Cómo se bañan y se asean? ¿Cómo comen, si el barco no está preparado para darles comida a tantos miles de hombres. Pasar 20 días en esa situación, ¿quién resiste eso? Hay que tener una conciencia como la que tenían los cubanos que fueron.

Fueron alentados, porque tenían confianza en Fidel. Fidel trataba de reunirse con cada grupo de soldados que salía de aquí. Iba y les hablaba. Les explicaba cómo era la situación. Y si no podía ir, mandaba a otra persona.

Únicamente con una dirección como la de Fidel se logra eso.

Nuestras fuerzas llegaron a Angola en no-

viembre de 1975, en el momento que hacían falta. Fue igual en 1987, cuando se envió las fuerzas que hacían falta durante el cerco de Cuito Cuanavale. Porque en ambos casos, no había fuerza en Angola capaz de enfrentarse al avance de las tropas sudafricanas. Fidel tomó la decisión de mandar lo que se necesitara para ganar, y llegaron a tiempo para lograr la victoria.

Fidel dirigió todo lo que había que hacer para derrotar a los sudafricanos. Se pasaba noches enteras analizando y calculando qué había que hacer y cómo. Fue decisiva su participación directa.

KOPPEL: ¿Y con respecto a la misión civil que ayudaste a dirigir?

ZAYAS: Cuando terminé en Angola en 1978, como decía antes, había más de 3 mil colaboradores civiles cubanos. Fundamentalmente eran de la salud y la educación, aunque había algunos en todas las ramas.

WATERS: ¿Por cuánto tiempo iban como voluntarios?

ZAYAS: Iban generalmente por dos años. Algunos iban por un año, pero generalmente era por dos años. Estoy hablando de los civiles. Los soldados igual iban por dos años, pero se quedaban más tiempo si era necesario. Los militares también eran voluntarios, pero actuaban por órdenes. Los civiles se comprometían a dos años y entonces regresaban. Había una rotación para mandar los relevos.

Los voluntarios civiles tenían un mes de vacaciones cada año, en Cuba. Todo eso implicaba transportación y un plan. No era fácil, debido a todos los organismos en Cuba que intervenían para mandar fuerzas a Angola. Cuando los voluntarios cumplían la misión, se mandaba el relevo para continuar el trabajo que estaban haciendo. Cuba Técnica, una agencia cubana, jugaba un importante papel en la organización de todo esto.

Y claro, no todos los voluntarios cubanos estaban en Luanda. En Luanda teníamos las condiciones preparadas para recibir a los cubanos que iban llegando, para después mandarlos a la provincia donde iban a cumplir la misión. En aquel tiempo, por lo general, el transporte no era por tierra, ya que la UNITA había puesto muchas minas. Por tierra solo se podía andar en caravana, apoyados por fuerzas militares. La mayor parte de la transportación era en avión, y todo eso había que planificar y coordinarlo, incluso con los soviéticos, que tenían allí aviones de transporte de carga. Había que transportar a los cubanos en esos aviones; a veces iba la mercancía y arriba de ella iban los cubanos, hasta llegar a las provincias.

En 1978, a medida que todo se iba organizando mejor, se creó una organización de asistencia técnica, Cuba Técnica. En ese entonces estaba subordinada al Ministerio de Relaciones Exteriores. Ahora está bajo la dirección del Ministerio de Inversión Extranjera y Colaboración Económica.

Más tarde la colaboración cubana se empezó a formalizar a través de convenios, pero al principio todo aquello empezó por la libre. Angola pedía, nosotros mandábamos.

WATERS: De 1985 a 1987 estuviste en Angola por tercera vez, ahora encabezando la misión civil cubana en Cabinda, una provincia en el norte que geográficamente está separada del resto de Angola. ¿Qué hubo de especial en esa experiencia?

ZAYAS: La condición de Cabinda es el resultado de siglos de saqueo colonial y dominio imperialista. En el Congreso de Berlín de 1885, las potencias coloniales europeas se repartieron África. Para que la monarquía belga pudiera tener salida al mar en su colonia del Congo, los imperialistas firmaron tratados que le daban al Congo una pequeña franja de tierra que iba hasta la costa, dividiendo el territorio colonial portugués. Así quedó separada geográficamente la provincia norteña de Cabinda del resto de Angola. A cambio de eso, se le dio a Portugal una parte del territorio en el este —una zona rica en diamantes, cerca de la frontera de lo que hoy es Zambia— para su colonia de Angola.

Cabinda es el centro de la producción petrolera de Angola. Desde la liberación de Angola a mediados de los años 70, todo el país ha vivido de los ingresos por la explotación del petróleo. La principal compañía allí era la Gulf Oil.

KOPPEL: En países como Guinea Ecuatorial, debido al legado de dominación imperialista, muy poca gente tiene los conocimientos técnicos y la formación que exigen las compañías petroleras. La gerencia trae a personal capacitado de Estados Unidos, de Europa y de otros países imperialistas,

empleando a relativamente pocos ecuatoguineanos. ¿Era así también en Cabinda?

ZAYAS: Había gente de muchos países allí trabajando, pero de Cabinda eran pocos. La mayoría venía de otros países, de todas partes. Hasta cubanos que viven fuera de Cuba trabajaban para la Gulf Oil.

WATERS: ¿El pueblo de Cabinda es de una tribu diferente de otras partes del norte de Angola?

ZAYAS: Sí. Una gran parte del pueblo de Cabinda es de algunas de las mismas tribus que la población de Congo-Brazzaville y de la República Democrática del Congo, de los cuales están separados por fronteras que las potencias imperialistas trazaron hace mucho tiempo. Pero no necesariamente se entienden. Hablan dialectos distintos.

El FLEC, el Frente de Liberación del Enclave de Cabinda, tenía sus operaciones en esa provincia. Era un movimiento separatista basado en tribus, y apoyado por Zaire, después por la UNITA. El gobierno americano en aquel tiempo lo apoyaba también.

Cuando llegué a Cabinda en 1985, había conflictos entre el FLEC y el MPLA/FAPLA. El FLEC estaba realizando ataques al gobierno provincial en Cabinda, al aeropuerto, por ejemplo. Se decía que fuerzas de la UNITA también daban apoyo al FLEC. A veces no podías salir de la cabecera de la provincia sin la protección de las fuerzas armadas. Siempre había peligro de ataques.

KOPPEL: ¿Cuáles eran tus responsabilidades en Cabinda?

ZAYAS: Era jefe de la misión civil, supervisando a todos los colaboradores internacionalistas de los distintos organismos, de la salud, de la educación, de comunicación, etcétera.

Los colaboradores cubanos en Angola estaban organizados en contingentes, por provincia. Una de mis responsabilidades, por ejemplo, era atender al contingente forestal en Cabinda. Había unos 400 trabajadores forestales para explotar la madera en la selva de Mayombe. La madera se exportaba donde los angolanos quisieran venderla, pero una gran parte se la compraba Cuba.

Sin embargo, no había cómo transportar la madera por mar porque Cabinda no tiene puerto y está separada del resto de Angola. El puerto más cercano está en Punta Negra [Pointe-Noire], en

Congo-Brazzaville.

Había que pagar un impuesto al gobierno congolés, y nunca había dinero para pagarlo. Entonces no se exportaba la mayoría de la madera. Se perdió mucha madera buenísima.

WATERS: ¿Cuántos cubanos había en Cabinda en esos momentos?

ZAYAS: Había alrededor de 600 cubanos en distintas misiones civiles: el contingente forestal, médicos, maestros y otros.

Teníamos asesores cubanos que colaboraban en cada organismo del gobierno. El Ministerio de Salud Pública de Cuba tenía gente allí para dar atención médica. Eso era muy difícil porque no había medicinas suficientes, pero los médicos cubanos hacían maravillas. Había médicos rusos también. Las distintas especialidades las tenían o los rusos o los cubanos. Por ejemplo, cuando iba un ortopédico ruso no iba un cubano, a menos que hubiera una necesidad para los dos.

Pero no siempre entraban las medicinas que hacían falta, y teníamos que ir racionándolas. Los abastecimientos para la población iban fundamentalmente por avión, desde Luanda. Como no había puerto, algunos abastecimientos se enviaban en patanas, pequeñas embarcaciones que sí podían llegar hasta la orilla.

Una de las cosas que se me pidió —usando mi experiencia en el trabajo del partido y del gobierno en Las Tunas— fue desarrollar un gran plan director para Cabinda. La planificación de la producción agrícola, la producción industrial, el desarrollo urbano, todo. Estuve trabajando en eso, y mandé a buscar en Cuba personal de planificación calificado. Nos topamos con muchos problemas relacionados con el nivel de desarrollo de Cabinda.

Primero, no tenían los recursos. Estoy hablando de recursos de todo tipo, humano y material. No tenían mano de obra calificada. Porque un edificio no se puede hacer empleando a trabajadores de construcción no calificados. Tiene que haber un arquitecto. Hay que tener albañiles con buena calificación.

Te doy el ejemplo de hacer un edificio, pero lo mismo es para hacer cualquier obra. Para construir una carretera hace falta un plan, que haya personal adecuado y recursos para ejecutarlo. Sin el estado que lo apoye y lo planifique, no se puede hacer. Y como Cabinda no tiene puerto, para poner otro ejemplo, había que traer todo por avión, o por Punta Negra en Congo-Brazzaville. En todos esos casos faltaban los recursos.

Uno de los problemas era el criterio en Cabinda de que era mejor importar que producir. Algunos incluso decían que era mejor importar el pollo que criarlo. Y tenían cierta razón. Los portugueses tenían allí granjas de pollos, con incubadoras y todas las cosas que se necesitan para criar pollos.

Pero cuando faltaba cualquiera de estas cosas, se morían los pollos, se perdía todo. Por eso decían que era mejor importar el pollo, el huevo, la carne, todo.

WATERS: ¿Importarlo de dónde?

ZAYAS: Importaban, por ejemplo, el pollo, el huevo y la carne de Holanda y otros lugares. Compraban productos de Francia y otros países. Traían cosas de Punta Negra en Congo-Brazzaville.

En Cabinda el pueblo prácticamente vivía del trueque en la frontera con Congo-Brazzaville y el Congo. Cambiaban malanga —una vianda que ellos producían— por ropa, por artículos manufacturados y otros alimentos. Prácticamente vivían de lo que sembraban. Cultivaban pequeñas parcelas, minifundios. Aunque en Cabinda hay grandes extensiones de tierra, no hay grandes fincas o ganadería. La ganadería es silvestre. Hay muy poco desarrollo agrícola.

Fundamentalmente quienes cultivan en las áreas pequeñitas son las mujeres. Eso se considera trabajo de mujer. Ahí tu veías a menudo a una mujer cargando dos sacos en la espalda, un bulto de leña para cocinar y un niño atrás.

KOPPEL: ¿Cómo evalúas tu misión en Cabinda?

ZAYAS: A pesar de todas las limitaciones, lo que logramos en Cabinda fue positivo. Mi misión era tratar de ayudar a desarrollar la provincia de Cabinda y asegurar que lo que hicieran los cubanos allí lo hicieran bien, desde el más simple colaborador en el lugar donde estuviera, como por ejemplo el médico que está al lado del paciente.

Muchas cosas hubo que hacer para lograr que el cubano comprendiera la función que cada uno debía desempeñar. Y eso lo logramos en los dos años que estuvimos ahí, además de ayudar en todo lo que fue posible al partido y al gobierno de Cabinda.

No se logró todo lo que queríamos, pero cumplimos nuestra misión. Y quedamos agradecidos, porque cada día uno aprende más. Cada día uno adquiere mayor conocimiento del mundo.

WATERS: Entre los cientos de miles de internacionalistas cubanos que cumplieron misión en Angola estuvieron Gerardo Hernández, Fernando González y René González. Junto con Antonio Guerrero y Ramón Labañino, se los conoce ahora en el mundo como los Cinco Cubanos: revolucionarios cubanos que en 1998 fueron arrestados bajo cargos falsos por el gobierno norteamericano y que han estado cumpliendo duras condenas en Estados Unidos. Están siendo mantenidos como rehenes por la negativa del pueblo cubano a rendirse ante la demanda de Washington de que Cuba regrese al dominio imperialista.

René estuvo en un batallón de tanques en Cabinda en 1977–78. Fue una experiencia que según dijo "me enseñó que las obras más hermosas las levantamos hombres imperfectos, cada uno un breve impulso en la historia".

Fernando estuvo apostado en el sur de Angola en los años decisivos de 1987–89, cuando las tropas cubanas y angolanas derrotaron a los invasores sudafricanos en la batalla de Cuito Cuanavale. Fue designado para la Sección de Información de la Agrupación de Tropas del Sur, procesando los informes de inteligencia que llegaban desde las primeras filas.

Gerardo dirigió un pelotón de exploradores en Cabinda en 1989–90. "Angola fue una escuela" para todos los internacionalistas cubanos, incluido él mismo, escribió en una carta desde la prisión.[6]

¿No son representativos los tres de los cientos de miles de cubanos que participaron en esa histórica misión internacionalista?

ZAYAS: La valentía e integridad que demuestran los Cinco es un ejemplo para millones de personas en el mundo. Es una expresión del mismo inter-

"Vamos a ayudar, a enseñar, a colaborar", dice Alfonso Zayas de las misiones internacionalistas cubanas. **Arriba:** Voluntarios médicos cubanos aguardan ser movilizados cuando el presidente Fidel Castro ofreció enviar a 1 100 trabajadores médicos para atender a damnificados del huracán Katrina en Nueva Orleans y otras partes del sur de Estados Unidos, septiembre de 2005. Washington rechazó la oferta.

nacionalismo que el pueblo cubano —entre ellos, Fernando, Gerardo y René— demostró en Angola. Son un ejemplo del tipo de hombres y mujeres que ha producido la revolución socialista cubana.

Los cinco estaban tratando de impedir que Estados Unidos usara a terroristas cubanos, basados en Estados Unidos, para poner bombas y otras acciones contra el pueblo cubano. Se arriesgaron en defensa de la revolución. Han cumplido más de 12 años de prisión, pero no se han dejado vencer. Saben que lo que hicieron era justo, que no hay ningún motivo para que los tengan presos. Siguen expresando sus convicciones y siguen luchando por su libertad. Por eso se consideran héroes aquí en Cuba, y con razón.

Por su conducta en las cárceles de Estados Unidos, más y más personas en el mundo saben que se está cometiendo una injusticia, un crimen, contra ellos. Ellos han llevado su lucha al mundo entero, y el gobierno norteamericano está pagando un precio político al continuar su encarcelamiento.

Están demostrando lo que es la Revolución Cubana. Y los Cinco *volverán*, de eso podemos estar seguros.

WATERS: La experiencia de Angola —de haber mantenido este compromiso internacionalista por

---

6. En las pp. 109–21 aparecen relatos de René González, Fernando González y Gerardo Hernández sobre sus experiencias en Angola.

casi 16 años— ha tenido un impacto amplio en la conciencia política del pueblo cubano. Fidel dijo una vez que el espíritu revolucionario del trabajo voluntario —que tanto él como el Che habían reivindicado durante los primeros años de la revolución, pero que había decaído bruscamente en los años 70 y 80— se refugió en aquella época en la defensa, en la movilización de las Milicias de Tropas Territoriales, en el trabajo de las misiones internacionalistas. El proceso de rectificación a fines de los 80, que incluyó la reanimación de las brigadas de trabajo voluntario para construir viviendas, escuelas, círculos infantiles y clínicas, y después la solidaridad de clase que permitió que el pueblo trabajador cubano afrontara y superara los retos políticos y económicos que enfrentó la revolución tras la implosión de la Unión Soviética: todo eso habría sido imposible sin el internacionalismo, sin la experiencia de Angola.

ZAYAS: A menudo decimos que nosotros hemos apoyado en estas misiones a otros pueblos. Vamos a ayudar, a enseñar, a colaborar.

Pero los cubanos también hemos aprendido mucho. Como los médicos en Cuba que se están formando ahora, ahí al lado del paciente. Cuando un médico se está formando al lado del enfermo es que de verdad se forma. Es distinto de la formación que se recibe en una aula con un equipo de video. Aquí antes se decía que el médico, cuando termina la carrera y empieza ya a tocar con enfermos, es cuando empieza a saber lo que es la medicina. Ahora llevamos al estudiante al lado del paciente desde el primer o segundo año. Eso es una formación completamente distinta. Y es producto, en parte, de lo que aprendimos de nuestras misiones internacionalistas.

Los que están cumpliendo misiones internacionalistas han recibido algo más. Esta generación que no vivió en la Cuba de antes. Ven fotografías de lo que era Cuba antes, pero no saben lo que era la vida en el capitalismo. No es que en Cuba ahora no haya problemas. Pero cuando los jóvenes cubanos cumplen misiones internacionalistas, ven la realidad en esos lugares, y eso les da un mejor entendimiento de lo que la revolución cambió en Cuba.

Mira lo que está pasando en Venezuela ahora. No creas que los cubanos que están en Venezuela solo están ayudando a los venezolanos. Ellos también están aprendiendo lo que es la vida en un país que no lleva cinco décadas de revolución socialista, con una dirección como la que tiene Cuba, que ha educado al pueblo cubano.

Está también la ayuda que se ha dado a los países que han enfrentado grandes catástrofes: huracanes, inundaciones, terremotos. Los médicos cubanos han ido adonde nunca había llegado un médico, donde la gente sobrevive con lo que come, pero se muere por falta de atención médica elemental. Para todos los que han salido a cumplir esas misiones, ese tipo de experiencia es importantísimo. Les crea una conciencia distinta de la que tenían antes.

Van a lugares donde no llegan ni las noticias porque no hay ni medios de comunicación allí, ni radio ni televisión. El objetivo es simplemente sobrevivir. Vivir esa realidad ayuda a la formación de nuestra conciencia.

Los voluntarios cubanos que están en otros países cumpliendo misiones internacionalistas están aprendiendo lo que era antes Cuba. Están viviendo en el mundo donde aún se mantienen esas condiciones. Están conociendo lo que es el capitalismo, la explotación del hombre por el hombre.

Así que no se trata solo de dar ayuda. También nosotros recibimos.

CUARTA PARTE

Los Cinco Cubanos en Angola: en sus propias palabras

LOS CINCO CUBANOS: QUIÉNES SON

Gerardo Hernández, Ramón Labañino, Antonio Guerrero, Fernando González y René González son revolucionarios cubanos que durante los años 90 se prestaron como voluntarios para recolectar información para el gobierno cubano sobre las actividades de grupos contrarrevolucionarios cubano-americanos basados en el sur de Florida. Estos grupos paramilitares, que operan desde territorio estadounidense con casi total impunidad, tienen un largo historial de desatar ataques dinamiteros, asesinatos y otros ataques mortíferos contra objetivos en Cuba y contra partidarios de la Revolución Cubana en Estados Unidos, Puerto Rico y otros países.

El 12 de septiembre de 1998, los cinco fueron arrestados por el FBI. Fueron acusados falsamente y declarados culpables de más de 30 cargos, entre estos: actuar como agentes no registrados del gobierno cubano, posesión de documentos de identidad falsos y "conspiración para recoger y transmitir información sobre la defensa nacional", o sea, conspiración para cometer espionaje.

Recibieron sentencias que variaban desde 15 años de prisión para René González hasta doble cadena perpetua más 15 años para Gerardo Hernández. A pesar de una creciente campaña mundial para lograr su libertad, ellos ya han cumplido más de 14 años en prisión: rehenes de la demanda de Washington de que el pueblo cubano abandone su trayectoria socialista. Su historia se relata en *Los Cinco Cubanos: Quiénes son, por qué les fabricaron un caso, por qué deben ser liberados* por Martín Koppel y Mary-Alice Waters.

BILL HACKWELL

Concentración en La Habana reclama libertad de los cinco revolucionarios cubanos presos en Estados Unidos, Primero de Mayo de 2010.

ANGOLA FUE UNA ESCUELA PARA TODOS

Mary-Alice Waters

Cuando Gerardo Hernández Nordelo se graduó del Instituto Superior de Relaciones Internacionales (ISRI) de Cuba en 1989, se ofreció como voluntario, al igual que cientos de miles de otros cubanos, para prestar servicio en Angola. Las Fuerzas Armadas Revolucionarias de Cuba se encontraban en las fases finales de una misión internacionalista de casi 16 años, combatiendo junto a las Fuerzas Armadas Populares de Liberación de Angola (FAPLA), para defender al gobierno de esa antigua colonia portuguesa contra las fuerzas invasoras del régimen sudafricano del apartheid y

Caricatura de Gerardo Hernández, dibujada en 2003 en la penitenciaría federal Victorville, en California.

sus aliados, basados en Zaire, que estaban respaldados por el imperialismo.

En 1989 y 1990 el teniente Hernández dirigió un pelotón de exploración cubano-angolano de 12 hombres, adjunto al Grupo Táctico 11 de la Décima Brigada de Tanques, emplazada en la provincia angolana de Cabinda.

El siguiente relato de esos años lo cuenta José Luis Palacio, mecánico de oficio y uno de los hombres que cumplieron misión con Hernández en Cabinda. Se publicó bajo el título "12 hombres y dos gatos" en marzo de 2006, en *Guerrillero*, periódico de la provincia de Pinar del Río en Cuba occidental.

El homenaje que Palacio le rinde a las cualidades de dirección de Hernández —o simplemente "Gerardo", según lo conocen millones de personas por todo el mundo que luchan por su libertad— ayuda mucho a comprender por qué el gobierno norteamericano lo ha escogido como blanco para un trato especialmente brutal y vengativo. Entre los Cinco Cubanos, Hernández recibió la sentencia más severa de todas: dos cadenas perpetuas más 15 años. Desde 1998 el gobierno norteamericano le ha negado el derecho de recibir visitas de su esposa, Adriana Pérez.

Hernández envió una fotocopia del artículo de *Guerrillero* a la editorial Pathfinder después de recibir un ejemplar de *Malcolm X, la liberación de los negros y el camino al poder obrero* por Jack Barnes. Ese libro, publicado por la editorial Pathfinder, incluye una de las fotos en estas páginas: la foto donde aparece Hernández junto a otros miembros de su pelotón al lado de una fogata donde están cocinando. Las otras dos fotos del pelotón publicadas aquí las envió Gerardo por correo desde la penitenciaría de máxima seguridad Victorville, en

Reproducido de *Los Cinco Cubanos: Quiénes son, por qué les fabricaron un caso, por qué deben ser liberados* (Pathfinder, 2012).

California, donde está recluido.

En cartas que acompañaron las fotos, Hernández comentó:

Han pasado 20 años, pero recuerdo como si fuera hoy el momento en que tomamos esa foto de Angola. Estábamos haciendo un dulce de coco. Recuerdo los nombres de todos, incluyendo a los dos combatientes angolanos que aparecen, y que formaban parte de nuestro pelotón de exploradores.

Varios combatientes cubanos de mi pelotón me escriben con frecuencia, incluyendo a tres de lo que ellos mismos llaman mi escuadra matancera, porque todos son de Matanzas: José Ramón Zamora, Fidel Martell y Wilfredo Pérez Corcho. Los tres son campesinos, personas muy humildes y muy revolucionarias. Ellos me enviaron estas dos fotos que hoy comparto con usted.

La calidad de los originales no era muy buena, por los años y por las condiciones en las que se revelaban e imprimían…

En la del tanque… parado abajo está José Luis Palacio, de Pinar del Río. De Palacio conservo desde hace unos años una entrevista que dio al periódico de Pinar del Río, su provincia, y que me emocionó mucho cuando la leí. Voy a buscarla entre mis papeles y le enviaré una copia.

Siento una gran admiración por todos esos compañeros —en aquel entonces muchachos prácticamente— que asumieron voluntariamente una misión como aquella. A mi me tocó darles clases de algunas materias, o sea, supuestamente debía enseñarles, pero fui yo el que terminó aprendiendo mucho de ellos. Angola fue una gran escuela para todos.

Hernández proporcionó la descripción de las fotos. Los comentarios entre corchetes en la siguiente entrevista también son suyos.

DOCE HOMBRES Y DOS GATOS
Con Gerardo Hernández y su pelotón en Angola

Zenia Regalado con José Luis Palacio
MARZO DE 2006

Un pinareño estuvo en Angola con el teniente Gerardo Hernández Nordelo. Le recuerda jaranero, siempre haciendo caricaturas a los soldados de su pelotón de exploración, leyendo el diario del Che. Era el primero en levantarse y el último en acostarse. Siempre muy preocupado por la salud de los hombres bajo su mando.

Cuando un grupo de 12 hombres tiene que dormir dos metros y medio bajo tierra, espantar la añoranza que muerde despacio ante la demora de cada carta, caminar en el territorio de las serpientes, entonces la amistad alcanza el más alto de los vuelos.

Se puede comprender por ello que José Luis Palacio Cuní se sintiera muy raro a su retorno en 1991 y que extrañara el modo campechano y la jodedera de aquellos compañeros de pelotón de la décima brigada de tanques de Cabinda.

En las noches, mataban el tiempo jugando dominó de siete fichas o cartas. Este último era el entretenimiento que más le gustaba al teniente Gerardo Hernández Nordelo [*En realidad era el dominó. —GH*], de muy bien carácter y quien siempre los levantaba a las cinco de la mañana con aquella frase muy suya: "¡De pie, soldados; vertical como las palmas de Cuba!"

Nadie imaginaba, cuando aquello, que Gerardo —quien compartía el mismo hueco con ellos— se convertiría en un héroe, y que tendría que soportar pruebas aún peores, nada más y nada menos que en una cárcel de Estados Unidos.

Ninguno de los amigos de Palacio quiso creerle aquella tarde cuando viendo la televisión, y en medio de una fiestecita, este moreno que vive en el edificio de 12 plantas nuevo del "Hermanos Cruz"

les dijo: "¡Coño… ese hombre de la foto fue mi jefe en Angola, era el teniente Nordelo!"

Dos gatos en el pelotón

Palacio estuvo en Angola, en Cabinda, dos años y tres meses. Trabajaba en la Empresa de Reparación de Equipos y Agregados, la entonces EREA, cuando fue llamado a cumplir con su deber como reservista. Era 1989 y dejaba tras de sí a una hija de poco más de tres años.

¿Cómo se adaptaron a dormir en el refugio?

Fue una de las primeras preguntas que le hicimos a nuestro entrevistado.

"Los refugios tenían seis metros de largo, por dos o tres de ancho. Adaptarse a dormir ahí no es muy fácil, pero cuando sabes que es más seguro que tener el cuerpo al aire libre, tienes que hacerlo.

"Yo era el único pinareño entre aquellos 12 hombres. La mayoría eran matanceros, también algunos orientales y habaneros. Por las noches cuando estábamos allá abajo, empezábamos a decirnos que si el lugar más hermoso de Cuba era Viñales, y allá iba otro y saltaba con su provincia, y así…

"Un muchacho de Matanzas, nada más que llegó al pelotón, comenzó a criar dos gatos. Realmente aquellos animalitos eran también soldados internacionalistas, pues bajo tierra había ratones, y mientras dormíamos los escuchábamos cazar muchas veces. Estaban muy apegados a nosotros.

"El teniente que teníamos concluyó su misión y entró entonces Gerardo, graduado del Instituto de Relaciones Internacionales. El jefe del onceno grupo táctico nos dijo: 'Este es su nuevo jefe'. Recuerdo muy bien las primeras palabras de Nordelo:

"'Yo voy a compartir la alegría, la tristeza y to-

---

das las emociones con ustedes. Seré uno más, como un hermano, como un hombre sencillo'. Nos cayó muy bien desde el principio.

"En las noches hablaba de cuando estuvo en la universidad, de su vida estudiantil, de las caricaturas, de su mamá, y de su esposa.

"Era muy jocoso y tenía mucha gracia para hacer chistes. En las clases daba seis minutos de receso y en ese tiempo hacía caricaturas de nosotros y nos decía: 'Así estaban en la clase'.

"Cuando veía que algún soldado estaba triste, hasta les enseñaba sus propias cartas. Cuando se está tan lejos, nada tiene tanto valor como que le escriban a uno.

"Jugaba pelota en los ratos libres.

¿Qué si era bueno? A decir verdad, no, no lo era. Se desempeñaba como pitcher, y como jugábamos al flojo, no se notaba mucho…

"Creó una radio base; siempre tenía que estar haciendo algo. Él escribía los comunicados y los chistes que leía un soldado".

CORTESÍA DE GERARDO HERNÁNDEZ

Gerardo Hernández con miembros de pelotón de exploradores en Cabinda, Angola, 1989–90. **Encima del tanque, desde la izquierda:** Pembele, combatiente angolano; Adolfo, al frente; Henry, atrás; Hernández. **De pie, abajo:** José Luis Palacio, el entrevistado de este artículo.

El Corcho

Cuenta este espigado moreno que en el pelotón había un muchacho muy delgadito llamado Pérez Corcho, y a quien le apodaron 'El Corcho'.

Todos lo llamaban El Corcho para aquí y El Corcho para allá. Un día de su cumpleaños, Gerardo tuvo la idea de celebrárselo. Pidió permiso para ello y fue autorizado.

Se hizo para la fecha vino de arroz y de piña, abundante en la zona. Ese día no fueron al comedor central de la unidad. [*No era vino, sino una especie de refresco, porque estaba prohibido beber. —G.H.*]

Muchos en el grupo de los 12 no sabían ni cocinar, pero inventaron. Gerardo escribió unos chistes y un comunicado. Combinaba siempre lo alegre con lo patriótico, según afirma su otrora subordinado.

¿Y con las serpientes tenían alguna estrategia?

"Allá abundaban las cobras. Era una orden dormir con mosquitero y colocar una bota dentro de otra, para no dejarles espacio para que se acomodaran, pues ellas siempre buscan el calor del cuerpo.

"Gerardo era el último en acostarse y siempre nos repetía: 'Coloquen las botas como ya ustedes saben'. Se fijaba siempre en esos detalles, aunque era muy joven.

"Cada tercer o cuarto día caminábamos en nuestras misiones de exploración unos 40 o 50 kilómetros en la selva. Salíamos juntos en un pelotón integrado por angolanos de las FAPLA y los cubanos.

"Una vez un angolano descubrió una boa de unos seis metros de largo y la mató. Ellos las respetaban mucho y nos decían que los cubanos no le temíamos ni a esos bichos, pues no las matábamos.

"El teniente Nordelo siempre nos alertaba de todo, y una de las cosas en las que más hincapié hacía era en la necesidad de respetar a nuestra familia y a las nativas de aquellos lugares.

"Yo había visto antes en la televisión la pobreza de Angola, lo que hacían las tropas de la UNITA, pero nada de eso puede compararse con lo que vi después. Niños en condiciones muy malas, viviendo en aquellos quimbos, flacos, demacrados, y no podía evitar compararlos con los nuestros y pensar que a veces no sabíamos bien ni lo que teníamos.

"Angola fue para mí una escuela. Allí aprendí

a valorar más la vida, el internacionalismo, a dar un poco de mí.

"Gerardo tuvo una de sus tantas buenas ideas con los niños del lugar en el que estábamos. Convocó a la confección de juguetes artesanales para los muchachos, hasta muñequitas de trapo. Fue algo muy bonito".

Cuando viste a Gerardo en la televisión, ¿qué sentiste?

"Lo primero fue mucha tristeza, al pensar en aquel hombre tan revolucionario, tan buen compañero, tan preocupado por todos nosotros, y que ahora estaba preso, y en Estados Unidos.

"Pero ahora lo veo de otra manera. Me da alegría recordar que aquel teniente, al lado de quien estuve tanto tiempo, es un símbolo de patriotismo, y no se ha doblegado. Ha aguantado tantas cosas, ni siquiera lo han dejado ver a su esposa. No ha podido tener hijos, ¡ese hombre que estaba cuidándonos a todos nosotros!

"A la vez me siento más revolucionario y comprometido. Tengo también la esperanza de que regrese y que aquellos 12 cubanos podamos reunirnos nuevamente para recordar los días vividos en Angola".

Palacio, un hombre sencillo, militante del Partido, mecánico de refrigeración y climatización en el frigorífico, no le ha escrito a Gerardo por no conocer la dirección de la cárcel; tampoco había buscado protagonismo en contar sus días junto a aquel teniente a quien tanto le gustaba la lectura.

Fue su amigo Félix Peña, funcionario del Comité Provincial del Partido, quien lo animó a conversar con algún periodista para compartir con muchas más personas sus vivencias acerca de ese cubano de pura cepa cuyos ideales se mantienen verticales, como las palmas de Cuba que él mencionaba

CORTESÍA DE GERARDO HERNÁNDEZ

Gerardo Hernández y otros combatientes cubanos y angolanos hacen dulce de coco. **"En la primera fila y de izquierda a derecha:** Adolfo, Pembele (angolano), Nelson Abreu y Gabriel Basquito (angolano). Detrás estamos Yoel y yo".—GH

a sus hombres, como para recordarles que habían nacido en una pequeña isla acostumbrada a la hidalguía.

Su pelotón de exploradores de un grupo táctico perteneciente a la décima brigada de tanques, en Cabinda, tomó parte en misiones de exploración con el objetivo de proteger a las unidades y tropas cubanas.

Cuando impartía las clases a sus soldados, según el propio Palacio, les enfatizaba que tenían que aguzar las técnicas de observación del enemigo para rastrear sus huellas.

Un explorador busca en el terreno indicios de dónde pudiera estar el contrario. Tiene que estudiar la conformación del ejército adversario, de su armamento.

Todos los integrantes de aquel pelotón de 12 hombres —número simbólico en la historia de Cuba— tienen una foto del grupo. La tomó el propio Gerardo. Ese patriota que de alguna u otra manera tiene puntos de contacto con Ignacio Agramonte, el bravío abogado, hombre de letras y también de acción en los campos de Cuba, capaz de empuñar el machete, pero también de dedicarle

tiernas líneas a su esposa.

Y el héroe cubano, crecido en una celda de Estados Unidos, dejó a su compañera Adriana antes de separarse, y junto a la canción de Silvio Rodríguez *Dulce abismo*, este poema de Roberto Fernández Retamar titulado *Filin:**

> *Si me dicen que te has marchado*
> *y que no vendrás*
> *no voy a creerlo*
> *voy a esperarte y esperarte.*
>
> *Si te dicen que me he ido*
> *y que no vuelvo*
> *no lo creas*
> *espérame*
> *siempre.*

---

* Filin es un género musical popular cubano que se desarrolló en La Habana durante una época de creciente malestar social en los años 40 y 50; incorporaba elementos de jazz y de bolero cubano.

Pelotón cubano-angolano al mando de Gerardo Hernández

Miembros del pelotón adscrito al Grupo Táctico 11 de la Décima Brigada de Tanques en Cabinda, Angola, bajo el mando del teniente Gerardo Hernández, 1989–90. "En la foto del pelotón", escribió Hernández, "estamos, en primera fila y siempre de izquierda a derecha: Wilfredo Pérez Corcho (con un gato), Fidel Martell (con el otro gato), Palacio, Bouza y Adolfo. (Bouza es de la Ciénaga de Zapata, y la última vez que tuve noticias suyas era funcionario del PCC [Partido Comunista de Cuba] municipal en Soplillar). Estoy yo en el medio, y detrás Gabriel Basquito (angolano), Henry, Manuel (también graduado del ISRI [Instituto Superior de Relaciones Internacionales] y posiblemente diplomático hoy), José Ramón Zamora, dos compañeros cuyos nombres lamentablemente no me vienen a la mente ahora, Nelson Abreu, otro compañero (con lentes oscuros) cuyo nombre no puedo recordar y Carlos Amores, con la cámara, nuestro actual embajador en Malasia. Lo que pasa en la mayoría de los casos cuyos nombres no recuerdo es que estuvieron poco tiempo en el pelotón después de yo llegar, porque cumplieron sus misiones y regresaron a Cuba".

CORTESÍA DE GERARDO HERNÁNDEZ

APRENDÍ MÁS QUE DE TODOS LOS LIBROS QUE ESTUDIÉ O PUDIERA HABER ESTUDIADO

Fernando González
DICIEMBRE DE 2012

"Los dos años que permanecí en Angola, entre 1987 y 1989, fueron un hito en mi vida", escribió Fernando González. "Fueron de la mayor importancia para mi formación como revolucionario y como ser humano".

Fernando González resumió así lo que significó para él haber participado en el masivo esfuerzo de los hombres y las mujeres de Cuba para ayudarle a ese país africano defender su independencia y soberanía —recién conquistada de Portugal— contra el régimen del apartheid en Sudáfrica.

González escribió desde su celda en la prisión federal de Terre Haute, Indiana, en respuesta a preguntas que le había hecho el *Militante* acerca de sus experiencias como combatiente internacionalista en Angola. Él había estado apostado en el sur de Angola durante la etapa final de la prolongada guerra contra los invasores sudafricanos apoyados por Washington.

'Marchamos con entusiasmo para Angola'

En el verano de 1987 González se graduó con Diploma de Oro del Instituto Superior de Relaciones Internacionales (ISRI) en La Habana, donde los estudiantes se capacitan para el servicio diplomático en el exterior.

"El currículum de estudios", escribió, "había incluido la preparación militar tanto teórica como práctica en la especialidad de exploración. Al graduarnos, junto al título académico, recibí los grados de teniente de las reservas de las Fuerzas Armadas Revolucionarias (FAR)". También militaba en la Unión de Jóvenes Comunistas.

"Una vez concluidos los estudios, nuestra graduación casi completa fue llamada al servicio activo en las FAR. Nos ofrecimos como voluntarios para cumplir misión internacionalista en Angola y ahí marchamos de manera entusiasta.

"La colaboración militar cubana en Angola, que había empezado 12 años antes, ya era una leyenda de heroísmo e internacionalismo", agregó González. "Era difícil que alguien no conociera a un cubano que hubiera cumplido misión y contara de las experiencias vividas. Para un joven revolucionario era un honor ir a Angola y ser parte de ese esfuerzo.

"Conocí a compañeros de mi graduación universitaria a quienes, por razones de salud, no les autorizaban unirse al grupo que íbamos a Angola. Apelaron las decisiones de la comisión médica y

Soldados cubanos y angolanos encima de tanque sudafricano capturado, marzo de 1988, en Cuito Cuanavale, sur de Angola, donde fuerzas invasoras sudafricanas del régimen supremacista blanco sufrieron rotunda derrota. Fernando González estaba apostado en el sur en esos momentos.

Reproducido del *Militante*, 10 de diciembre de 2012.

lucharon por ser aceptados. Movieron cielo y tierra hasta que fueron autorizados a incorporarse.

"Es un ejemplo de la importancia que le concedíamos a ser parte de la experiencia en Angola y el entusiasmo con el que acogíamos la posibilidad".

La batalla de Cuito Cuanavale

En Angola, escribió González, "pasé los primeros seis meses en una unidad ubicada en la ciudad de Lubango, en el sur. Ahí nos prepararon en el área de exploración antes de asignarnos a distintas unidades. Éramos un grupo relativamente pequeño de alrededor de 35 personas, de manera que los oficiales nos conocían a todos por nuestros nombres.

"Mientras nos encontrábamos en Lubango, se leían allí los partes informativos de lo que estaba sucediendo en Cuito Cuanavale", dijo.

Hacia fines de 1987, las fuerzas del régimen del apartheid lanzaron una nueva invasión de Angola, apoyada por sus aliados, el grupo contrarrevolucionario UNITA, que se basaba entre el pueblo ovimbundo en el sur. La invasión creó una situación crítica. Las fuerzas enemigas cercaron al pueblo de Cuito Cuanavale en el sudeste y amenazaron con asestar una derrota mayor contra el ejército angolano, las Fuerzas Armadas Populares de Liberación de Angola (FAPLA). La dirección revolucionaria de Cuba, en respuesta a la petición del gobierno angolano, reforzó masivamente su misión en ese país. "Incluso corrimos el riesgo de debilitar nuestras defensas", señaló el presidente cubano Fidel Castro en 1991, "y debilitamos nuestras defensas".*

Por primera vez desde los primeros meses de la guerra a principios de 1976, tropas cubanas avanzaron hacia la frontera angolana con Namibia en una potente operación de flanqueo. Al mismo tiempo fueron combatiendo hacia Cuito Cuanavale (ver el mapa en la página 44).

Ya para marzo de 1998 las fuerzas combinadas de los voluntarios cubanos, las FAPLA y los combatientes por la liberación de Namibia le habían asestado una derrota contundente al ejército sudafricano. Las fuerzas del apartheid comenzaron a replegarse y entablaron negociaciones de paz. Una serie de sesiones tripartitas de negociación —con la participación de Angola, Sudáfrica y Cuba—

llevó a un acuerdo en diciembre de 1988, firmado en la sede de Naciones Unidas en Nueva York. El gobierno sudafricano se retiró completamente de Angola y concedió la independencia a Namibia. Ya asegurada la independencia de Angola, se retiraron las fuerzas cubanas. Las últimas unidades regresaron a Cuba entre enero y mayo de 1991, antes de las fechas programadas.

"Alrededor del cuarto mes de entrenamiento", relató González, "oficiales del mando superior visitaron nuestra unidad y, en reunión con todos los oficiales y efectivos allí, explicaron detalladamente la decisión del alto mando de las FAR y de la dirección de la revolución de que nuestras tropas avanzaran a la frontera con Namibia.

"Constatábamos la importancia estratégica del avance de las unidades hacia el sur de Angola, y de la decisión que había tomado el comandante en jefe [Fidel Castro] de enviar a Angola unidades de gran historial combativo, como la División 50 'Baraguá'. Aun con nuestro conocimiento limitado de asuntos militares, percibíamos el carácter definitorio del momento.

"En aquel momento", dijo González, "la línea más al sur de ubicación de las tropas cubanas seguía un eje que comenzaba al oeste en el puerto de Namibe, pasaba por Lubango, y terminaba en Menongue al este. Pasando Menongue se encontraba Cuito Cuanavale.

"Como nuestro entrenamiento no había terminado, nos quedamos en la retaguardia de las fuerzas cubanas, en Lubango, cuando la Agrupación de Tropas del Sur (ATS) se trasladó hacia el sur en dirección a Cahama, Tchipa y otros pueblos, ocupando posiciones a solo kilómetros de la frontera con Namibia".

Cerca de la frontera con Namibia

"Al culminar nuestro entrenamiento", dijo González, "un grupo de recién egresados fuimos designados al estado mayor de la ATS en Cahama, donde la Sección de Información nos asignaría a distintos sitios. La mayoría de nuestro grupo continuaron su viaje al día siguiente en busca de sus unidades asignadas. Yo permanecí en Cahama, en la Sección de Información, donde me desempeñé como oficial del puesto de mando durante tres o cuatro meses. Mi función era la guardia de 24 horas para procesar toda la información

---

* Ver la p. 79.

que enviaban las unidades en el terreno sobre la exploración realizada en sus áreas de responsabilidad, y la elaboración de un parte diario sobre esas actividades, al que se complementaba con los resultados de la exploración por medios radio electrónicos".

Después de la derrota de las fuerzas del apartheid en Cuito Cuanavale y el acuerdo para comenzar la retirada de las tropas cubanas, el estado mayor de la ATS volvió nuevamente a Lubango. González fue trasladado allí, y permaneció en Lubango durante el resto de su misión en Angola.

"La jefatura de la Sección de Información me asignó al Grupo Operativo de Lubango, donde me desempeñé como enlace con el estado mayor de las FAPLA. Mi función era coordinar el intercambio de información sobre los resultados de la exploración. Todos los días yo llevaba al estado mayor de las FAPLA la información obtenida por la exploración de nuestras tropas en el sur de Angola. Allí, en el puesto de mando de la Sección de Información, se ploteaba esa información en el mapa y se cotejaba con la información de la que ellos disponían.

"Yo elaboraba un parte diario para la Sección de Información de la ATS en Cahama. Además ofrecía al jefe de Grupo Operativo de Lubango un parte sobre la situación del enemigo. Además asesoraba en el trabajo de información al 31 Grupo Táctico, basado en las afueras de Lubango".

Durante su estancia en Lubango, relató González, "elementos de la UNITA hicieron explotar una bomba en un punto del ferrocarril que unía a Namibe con Lubango. Además hubo un tiroteo a uno de nuestros puestos. Teníamos destacamentos de protección en distintos puntos a lo largo de la línea férrea. Se me ordenó ponerme al mando de un grupo de soldados y partir hacia el lugar para determinar qué necesidades tenían allí nuestros compañeros".

Una vez de regreso de Lubango, dijo González, "me incorporé al estado mayor de la ATS y participé como traductor en una de las reuniones relacionadas a las negociaciones tripartitas entre Angola, Cuba y Sudáfrica".

Al escribir acerca de esta tarea, González comentó, "Yo había estudiado inglés en el ISRI. Allí se hacía mucho énfasis en el idioma. Pero nunca se nos preparó como traductores. Incluso, el enfoque, al menos en aquellos momentos, no era comunicacional sino más bien lectura y expresión oral y escrita.

"Mi participación como traductor no fue porque yo haya estado calificado para hacerlo sino fue más bien hija de la necesidad en ese momento. De hecho, después de casi dos años en Angola sin practicar un idioma que solo había apren-

CORTESÍA DE FERNANDO GONZÁLEZ

Derecha: Fernando González en Angola. **Izquierda:** González (centro, sentado) y otros soldados cubanos durante momento de descanso entre operaciones militares.

dido académicamente, mi inglés estaba bastante oxidado".

'Lección para enfrentar la prisión'

Al reflexionar sobre su experiencia en Angola, González dijo, "Aprendí mucho de los cubanos y angolanos que me rodeaban. Aprendí de su espíritu de camaradería y solidaridad en condiciones difíciles. De la sencillez de tantos. Del esfuerzo colectivo y en equipo a pesar de las diferencias culturales entre los combatientes cubanos y angolanos, y de la riqueza que aportaban precisamente esas diferencias. Aprendimos los unos de los otros. Todos tenían un sentido de responsabilidad.

La experiencia de Angola, dice González, lo ha ayudado "para enfrentar las circunstancias de la prisión prolongada". **Arriba:** González en la prisión estadounidense en Terre Haute, Indiana. Hoy se encuentra en la prisión federal en Safford, Arizona.

"Yo tenía entonces 24, 25 años. La mayor parte de los soldados cubanos eran más jóvenes, y muchos de los angolanos que conocí tenían apenas 16 ó 17 años. En esos dos años vi a muchos cubanos llegar a Angola como reclutas con las características físicas y psicológicas de quienes aún están saliendo de la adolescencia, y que se transformaban en hombres jóvenes forjados por la disciplina y la responsabilidad, con la capacidad de enfrentar las dificultades, y con una conciencia revolucionaria.

"Yo no era ajeno a ese proceso de maduración, influido por las circunstancias. Yo era un joven recién graduado de la universidad. En Angola aprendí —de angolanos y cubanos— que, independientemente de la instrucción que uno pueda adquirir, hay otras cosas que son más importantes para un revolucionario: la formación del carácter, la sensibilidad humana, el espíritu de solidaridad.

"Ver con mis propios ojos los efectos del colonialismo y sus consecuencias para los pueblos —en este caso el angolano— me enseñó más que todos los libros que estudié o pudiera haber estudiado.

"Constaté el espíritu de lucha de ese pueblo y su voluntad de superar el pasado, su esfuerzo en el rechazo de la agresión externa y la derrota de la contrarrevolución apoyada desde el exterior.

"Esa fue una lección que llevo conmigo. Me acompaña siempre, incluso aquí para enfrentar las circunstancias de la prisión prolongada.

"Aunque no participé en ninguna acción combativa directamente, tuve la dicha y me siento orgulloso de haber sido integrante de la Agrupación de Tropas del Sur, especialmente en los momentos definitorios de la misión militar cubana en Angola que condujeron a la victoria final".

Estando en Angola, González fue admitido como militante al Partido Comunista de Cuba. También recibió dos condecoraciones por la misión que cumplió. A su regreso a Cuba, González fue desmovilizado del servicio activo en las FAR y se involucró en estudios de postgrado en el ISRI en la especialidad de relaciones internacionales.

Unos años más tarde, comenzó una nueva misión internacionalista. Esta vez en Estados Unidos.

ANGOLA ME ENSEÑÓ QUE LAS OBRAS MÁS HERMOSAS LAS LEVANTAMOS HOMBRES IMPERFECTOS

René González
JUNIO DE 2005

En los años 1977–79 René González participó en una misión internacionalista de combate en Angola. La siguiente entrevista apareció en la edición del 13 de junio de 2005 del diario cubano *Trabajadores*.

En el juicio amañado de los Cinco Cubanos en 2001, González fue declarado culpable de no registrarse como agente extranjero y de conspiración para actuar como agente extranjero no registrado. En octubre de 2011, tras cumplir 13 años de una sentencia de prisión, fue puesto en "libertad supervisada", y permanece bajo una orden judicial de cumplir esa pena adicional en Estados Unidos.

Cuando González menciona el crimen de Barbados, se refiere al ataque dinamitero en 1976 contra un avión cubano de pasajeros en que murieron las 73 personas a bordo poco después de que despegara. El atentado lo organizaron Luis Posada Carriles y Orlando Bosch, contrarrevolucionarios cubanos entrenados por la CIA.

En abril de 1974 la dictadura en Portugal fue derrocada en la "Revolución de los Claveles", un golpe de estado de jóvenes oficiales militares que desencadenó un ascenso popular de masas.

El ímpetu juvenil y el sentimiento internacionalista de René González Sehwerert confluyeron en su vida de soldado durante la guerra por la liberación de Angola. Trabajadores revela los sentimientos y motivaciones que llevaron a uno de nuestros héroes antiterroristas al continente africano.

No sé si para mediados de los 70 necesitaría yo demasiadas razones para cumplir una misión internacionalista. Aquello formaba parte del ambiente. El legado del Che estaba germinando. Los crímenes del imperio laceraban la sensibilidad colectiva de los cubanos con cada noticia de una nueva agresión, o de la última dictadura militar estrenada o hiriendo nuestra propia carne con crímenes como el de Barbados.

En aquellas circunstancias, la Revolución de los Claveles, que estremeció al imperio colonial portugués, fue como un aire renovador que abrió las puertas de la soberanía para una parte de África a la que nos hermanaban siglos de explotación.

Cuando de nuevo se recurrió al crimen y —con el apoyo y complicidad de quienes hoy nos pretenden dar lecciones de derechos humanos— la Sudáfrica del apartheid se lanzó sobre el proyecto de nación que gateaba en Angola, el pueblo cubano se estremeció. Estremecido con él y gracias a la ayuda de algunos oficiales, logré ser incluido en una unidad de mi regimiento asignada a cumplir misión. De esa manera me integré a un batallón de tanques, como artillero de una dotación, un día después de haber cumplido mis tres años en el Servicio Militar General.

Dos años en Cabinda

Tras dos meses de entrenamiento, el Batallón de Tanques T-34 arribó a las costas de Cabinda en marzo de 1977. Nuestra unidad no participó en acciones de combate. Solo fuimos parte de un cerco poco antes del regreso, cuando ya el inicial entusiasmo bélico de la juvenil tropa se había atemperado ante la inminencia de volver a casa.

Al asombro inicial ante la exuberancia del paisaje africano, siguió el contacto con una cultura y forma de vida desconocidas. Me llamó la atención la nobleza, humildad y falta de maldad de los angolanos, a quienes la miseria y explotación de siglos no habían logrado convertir en depredadores. La palabra de cualquiera de aquellos campesinos valía más que la constitución de todos los países "superiores" que habían ido a "civilizar" a aquel continente.

Una experiencia impactante fue ver el hambre en los rostros y los cuerpos de los niños. Sus miradas estremecían. Por algún acuerdo tácito y silencioso, cada uno de nuestros 200 combatientes aceptó, desde el primer día, que a su magro rancho se le sustrajera una porción para dar de comer a unas 12 criaturas que tres veces al día nos esperaban al borde de la carretera cuando llevábamos los alimentos a una pequeña tropa desplegada cercana a su aldea.

Hay dos momentos contrapuestos que siempre quedarán en mi memoria: aquellos rostros felices de vuelta a su aldea, y ser testigo de cómo alguna familia vecina ensamblaba un pequeño ataúd.

A falta de combates, mi permanencia en Angola coincidió con la batalla por el noveno grado. La tarea se acogió con entusiasmo; se construyeron aulas rústicas en las áreas de ubicación de cada compañía. A esa tarea agradezco mi reconciliación con las lecciones de matemática que impartí. Tuve la satisfacción de ver a un grupo de oficiales y soldados regresar a la patria con el certificado de grado de escolaridad vencido.

Tras dos años de vigilancia e intensa preparación combativa, en marzo de 1979 los últimos efectivos del Batallón de T-34 del Regimiento de Infantería Motorizada de Cabinda abordamos las naves que nos regresaron a Cuba, con la satisfacción de haber hecho lo nuestro y traer una experiencia única.

Atrás en la Loma de Zende, quedaba la unidad renovada y una montaña de vivencias.

Nunca se me ocurrió que en alguna otra experiencia —como la que estoy viviendo ahora— llegaría a superar la intensidad y el peso de la angolana en mi formación y mi vida. Tal es el valor que doy a mis dos años en Cabinda.

Obra de hombres imperfectos

Aquella misión internacionalista fue la materialización de un anhelo que me hizo crecer como ser humano. No todo fue color de rosa. Tuve vivencias positivas y negativas en condiciones difíciles. Allí viví momentos de gran alegría y otros de profunda

CORTESÍA DE RENÉ GONZÁLEZ

René González a los 21 años en Angola, 1977.

tristeza. Se mezclaron camaradería con conflictos, discrepé y estuve de acuerdo, me entendí con unos y no con otros, hice buenos amigos o, simplemente, compañeros.

Pero unas y otras, cada vivencia me enseñó algo nuevo y me hizo crecer. Muchas veces me he remitido a aquella experiencia para resolver problemas posteriores, y cada uno de aquellos combatientes —tal vez como yo en aquel momento sin saberlo a plenitud— fue parte de algo mucho más grande que cualquiera de nosotros o que, inclusive, nuestro batallón.

La experiencia angolana me enseñó que las obras más hermosas las levantamos hombres imperfectos, cada uno un breve impulso en la historia: ese continuo deshacer del entuerto que comenzó con la primera injusticia humana.

Más que un breve impulso fue, no obstante, el papel de Cuba en esta epopeya. El impulso que significó la batalla por la soberanía de Angola en la lucha contra el colonialismo —ese cáncer social sobre el que se levantó la opulencia de lo que hoy pasa como mundo civilizado— no paró hasta llegar al Cabo de Buena Esperanza, destruyendo toda una mitología levantada en función de sojuzgar.

Creo que pasará algún tiempo antes de que la humanidad comprenda el altruismo de Cuba en Angola. En el mundo individualista que se nos impone, lo que alguien ha denominado 'escepticismo socarrón' corroe e inmoviliza la conciencia colectiva forjada en las masas, como medio de dominio, por quienes sobre ellas levantan sus fortunas.

Pero la historia ya está hecha, al menos hasta hoy, y la epopeya de nuestro pueblo en África es parte de ella. Y lo será también cuando todos los pueblos unidos en uno solo hayamos hundido al imperio burgués, borrando, finalmente, el hambre del rostro del último niño que la haya sufrido.

QUINTA PARTE

Operación Carlota

OPERACIÓN CARLOTA

Gabriel García Márquez
1977

Escrito en 1977 por uno de los más conocidos escritores latinoamericanos, "Operación Carlota" es uno de los relatos más completos de los primeros años de la misión cubana en Angola.

Por primera vez en una declaración oficial, Estados Unidos reveló la presencia de tropas cubanas en Angola en noviembre de 1975. Calculaba entonces que el envío había sido de 15 mil hombres. Tres meses después, durante una breve visita a Caracas, Henry Kissinger le dijo en privado al presidente Carlos Andrés Pérez: "Cómo estarán de deteriorados nuestros servicios de información, que no nos enteramos de que los cubanos iban para Angola sino cuando ya estaban allí".

En esa ocasión, sin embargo, corrigió que los hombres enviados por Cuba eran solo 12 mil. Aunque nunca explicó el motivo de aquel cambio de cifras, la verdad es que ninguna de las dos era correcta. En aquel momento había en Angola muchos hombres de tropa y especialistas militares y técnicos civiles cubanos, y eran más de cuantos Henry Kissinger pretendía suponer. Había tantos barcos cubanos anclados en la bahía de Luanda, que el presidente Agostinho Neto, contándolos desde su ventana, sintió un estremecimiento de pudor muy propio de su carácter. "No es justo", le dijo a un funcionario amigo. "A este paso, Cuba se va a arruinar".

Es probable que ni los mismos cubanos hubieran previsto que la ayuda solidaria al pueblo de Angola había de alcanzar semejantes proporciones. Lo que sí tuvieron claro desde el primer momento es que la acción tenía que ser terminante y rápida, y que de ningún modo se podía perder.

Los contactos entre la Revolución Cubana y el Movimiento Popular de Liberación de Angola (MPLA) se habían establecido por primera vez y habían sido muy intensos desde agosto de 1965, cuando el Che Guevara participaba en las guerrillas del Congo. El año siguiente estuvo en Cuba el propio Agostihno Neto acompañado por Endo, el comandante en jefe del MPLA que había de morir en la guerra, y ambos se entrevistaron entonces con Fidel Castro. Luego, y por las propias condiciones de la lucha en Angola, aquellos contactos se habían vuelto eventuales.

Solo en mayo de 1975, cuando los portugueses se preparaban para retirarse de sus colonias de África, el comandante cubano Flavio Bravo se encontró en Brazzaville con Agostinho Neto, y éste le solicitó una ayuda para transportar un cargamento de armas, y además le consultó la posibilidad de una asistencia más amplia y específica. En consecuencia, el comandante Raúl Díaz Argüelles se trasladó tres meses después a Luanda al frente de una delegación civil de cubanos, y Agostinho Neto fue entonces más preciso aunque no más ambicioso: solicitó el envío de un grupo de instructores para fundar y dirigir cuatro centros de entrenamiento militar.

Bastaba un conocimiento superficial de la situación de Angola para comprender que el pedido de Neto era también típico de su modestia. Aunque el MPLA, fundado en 1956, era el movimiento de liberación más antiguo de Angola, y aunque era el único que estaba implantado con una base popular muy amplia y ofrecía un programa social, político y económico acorde con las condiciones propias del país, era sin embargo el que se encontraba en una situación militar menos ventajosa. Disponía de armamento soviético, pero carecía de personal preparado para manejarlo. En cambio, las tropas regulares de Zaire, bien entrenadas y abastecidas, habían penetrado en Angola desde el 25 de marzo y habían proclamado en Carmona [Uíge] un gobierno de hecho presidido por Holden Roberto, dirigente del FNLA, y cuñado de Mobutu, y cuyas vinculaciones con la CIA eran del dominio público.

En el este, bajo el amparo de Zambia, se encontraba la UNITA, al mando de Jonas Savimbi, un aventurero sin principios que había estado en colaboración constante con los militares portugueses y las compañías extranjeras de explotación. Por último las tropas regulares de África del Sur, a través del territorio ocupado de Namibia, habían cruzado la frontera meridional de Angola el 5 de agosto, con el pretexto de proteger las presas del complejo hidroeléctrico de Ruacaná-Calueque.

Todas esas fuerzas con sus enormes recursos económicos y militares estaban listas para cerrar en torno a Luanda un círculo irresistible en las vísperas del 11 de noviembre, cuando el ejército portugués abandonara aquel vasto, rico y hermoso territorio donde había sido feliz durante quinientos años. De modo que cuando los dirigentes cubanos recibieron el pedido de Neto, no se atuvieron a sus términos estrictos, sino que decidieron mandar de inmediato un contingente de 480 especialistas que en un plazo de 6 meses debían instalar cuatro

Vietnam Heroico, barco cubano de pasajeros utilizado a fines de 1975 para transporte de tropas y pertrechos como parte de la respuesta cubana a la solicitud urgente del MPLA para repeler a invasores sudafricanos que avanzaban hacia Luanda.

centros de entrenamiento y organizar 16 batallones de infantería, así como 25 baterías de mortero y ametralladoras antiaéreas. Como complemento mandaron una brigada de médicos, 115 vehículos y un equipo adecuado de comunicaciones.

Aquel primer contingente se transportó en tres barcos improvisados. El *Vietnam Heroico*, que era el único de pasajeros, había sido comprado por el dictador Fulgencio Batista a una compañía holandesa en 1956, y convertido en buque escuela. Los otros dos, el *Coral Island* y *La Plata*, eran buques mercantes acondicionados de urgencia. Sin embargo, la forma en que fueron cargados ilustra muy bien sobre el sentido de previsión y la audacia con que los cubanos habían de afrontar el compromiso de Angola.

Parece insólito que llevaran desde Cuba el combustible para los vehículos. En realidad, Angola es productor de petróleo, y en cambio los cubanos deben llevar el suyo a través de medio mundo desde la Unión Soviética. Sin embargo, los cubanos preferían actuar sobre seguro, y desde aquel primer viaje se llevaron mil toneles de gasolina repartida en los tres barcos. El *Vietnam Heroico* llevó 200 toneladas en tanques de 55 galones cada uno, y viajó con las bodegas abiertas para permitir la eliminación de los gases. *La Plata* transportó la gasolina en cubierta. La noche en que acabaron de estibarlos coincidió con una fiesta popular cubana y se reventaron cohetes y se hicieron prodigios de pirotecnia hasta en los muelles de La Habana, donde una chispa perdida hubiera convertido en polvo aquellos tres arsenales flotantes.

El propio Fidel Castro fue a despedirlos, como había de hacerlo con todos los contingentes que fueron a Angola, y después de ver las condiciones en que viajaban soltó una frase muy suya que sin embargo parecía casual: "De todos modos —dijo— van más cómodos que en el *Granma*".

No había ninguna certeza de que los militares portugueses fueran a permitir el desembarco de los instructores cubanos. El 26 de julio de ese año, cuando ya Cuba había recibido la primera solicitud de ayuda del MPLA, Fidel Castro le pidió al coronel Otelo Saraiva de Carvalho en La Habana que gestionara la autorización del gobierno de Portugal para mandar recursos a Angola, y Saraiva de Carvalho prometió conseguirlo, pero su respuesta todavía no ha llegado. De modo que el *Vietnam*

Heroico llegó a Porto Amboim el 4 de octubre a las 6:30 de la mañana; el *Coral Island* llegó el día 7 y *La Plata* llegó el 11 a Punta Negra. Llegaron sin permiso de nadie, pero también sin la oposición de nadie.

Como estaba previsto, los instructores cubanos fueron recibidos por el MPLA, y pusieron a funcionar de inmediato las cuatro escuelas de instructores. Una en N'dalatando, que los portugueses llamaban Salazar, a 300 kilómetros al este de Luanda; otra en el puerto atlántico de Benguela; otra en Saurimo, antiguo Enrique de Carvalho, en la remota y desierta provincia oriental de Luanda, donde los portugueses habían tenido una base militar que destruyeron antes de abandonarla, y la cuarta en el enclave de Cabinda. Para entonces estaban las tropas de Holden Roberto tan cerca de Luanda, que un instructor de artillería cubana les estaba dando las primeras lecciones a sus alumnos de N'dalatando, y desde el sitio en que se encontraba veía avanzar los carros blindados de los mercenarios.

El 23 de octubre, las tropas regulares de África del Sur penetraron desde Namibia con una brigada mecanizada, y tres días después habían ocupado sin resistencia las ciudades de Sa da Bandeira y Moçamedes. Era un paseo dominical. Los sudafricanos llevaban equipos de casettes con música de fiesta instalados en los tanques. En el norte, el jefe de una columna mercenaria dirigía las operaciones a bordo de un Honda deportivo, junto a una rubia de cine. Avanzaba con un aire de vacaciones, sin columna de exploración, y ni siquiera debió darse cuenta de dónde salió el cohete que hizo volar el coche en pedazos. En el maletín de la mujer solo se encontró un traje de gala, un bikini y una tarjeta de invitación para la fiesta de la victoria que Holden Roberto tenía ya preparada en Luanda.

A fines de esa semana los sudafricanos habían penetrado más de 600 kilómetros en territorio de Angola, y avanzaban hacia Luanda a unos 70 kilómetros diarios. El 3 de noviembre habían agredido al escaso personal del centro de instrucción para reclutas de Benguela. Así que los instructores cubanos tuvieron que abandonar las escuelas para enfrentarse a los invasores con sus aprendices de soldados, a los cuales impartían instrucciones en las pausas de las batallas. Hasta los médicos revivieron sus prácticas de milicianos y se fueron a las trincheras. Los dirigentes del MPLA, preparados para la lucha de guerrillas pero no para una guerra masiva, comprendieron entonces que aquella confabulación de vecinos, sustentada por los recursos más rapaces y devastadores del imperialismo, no podía ser derrotada sin una apelación urgente a la solidaridad internacional.

El espíritu internacionalista de los cubanos es una virtud histórica. Aunque la revolución lo ha defendido y magnificado de acuerdo con los principios del marxismo, su esencia se encontraba muy bien establecida en la conducta y la obra de José Martí. Esa vocación ha sido evidente —y conflictiva— en América Latina, África y Asia.

En Argelia, aún antes de que la Revolución Cubana proclamara su carácter socialista, ya Cuba había prestado una ayuda considerable a los combatientes del FLN en su guerra contra el colonialismo francés. Tanto, que el gobierno del general De Gaulle prohibió como represalia, los vuelos de Cubana de Aviación por los cielos de Francia. Más tarde, mientras Cuba era devastada por el ciclón Flora [en 1963], un batallón de combatientes internacionalistas cubanos se fue a defender a Argelia contra Marruecos.[1]

Puede decirse que no ha habido en estos tiempos un movimiento de liberación africano que no haya contado con la solidaridad de Cuba, ya fuera con material y armamentos, o con la formación de técnicos y especialistas militares y civiles. Mozambique desde 1963, Guinea-Bissau desde 1965, el Camerún y Sierra Leona, han solicitado en algún momento y obtenido de alguna forma la ayuda solidaria de los cubanos. El presidente de la República de Guinea, Sekou Touré, rechazó un desembarco de mercenarios con la asistencia de una unidad de cubanos. El comandante Pedro Rodríguez Peralta, ahora miembro del Comité Central del Partido Comunista de Cuba, fue capturado y encarcelado varios años por los portugueses en Guinea-Bissau.

Cuando Agostinho Neto hizo un llamado a los estudiantes angolanos en Portugal para que se fueran a estudiar a países socialistas, muchos de ellos fueron acogidos por Cuba. En la actualidad, todos están vinculados a la construcción del socialismo en Angola, y algunos en posiciones muy

---

1. Ver nota en la p. 54.

destacadas. Es el caso de Minga, economista y actual ministro de Finanzas de Angola; Enrique Dos Santos, ingeniero geólogo, comandante y miembro del Comité Central del MPLA, y casado con una cubana; Mantos, ingeniero agrónomo y actual jefe de la Academia Militar, y N'Dalu, quien en sus tiempos de estudiante se destacó como el mejor futbolista de Cuba, y en la actualidad es el segundo jefe de la Primera Brigada de Angola.

Sin embargo, nada de eso ilustra tanto sobre la antigüedad y la intensidad de la presencia de Cuba en África, como el hecho de que el propio Che Guevara, en el apogeo de su estrella y de su edad, se fue a pelear en las guerrillas del Congo. Se fue el 1 de abril de 1965, que es la misma fecha de su carta de despedida a Fidel Castro, y en la cual renunciaba a su grado de comandante y a todo cuanto lo vinculaba legalmente al gobierno de Cuba. Se fue solo, en avión de línea comercial, con el nombre cambiado y un pasaporte falso, con la fisonomía apenas alterada por dos toques maestros y un maletín de negocios con libros literarios y muchos inhaladores para su asma insaciable, y distrayendo las horas muertas en los cuartos de los hoteles con interminables solitarios de ajedrez. Tres meses después se le unieron en el Congo 200 cubanos de tropa que viajaron desde La Habana en un barco cargado de armamentos. [2]

La misión específica del Che era entrenar guerrilleros para el Consejo Nacional de la Revolución del Congo, que peleaban contra Moise Tshombe, pelele de los antiguos colonos belgas y de las compañías mineras internacionales, Lumumba había sido asesinado. El jefe titular del Consejo Nacional de la Revolución era Gastón Soumialot, pero quien dirigía las operaciones era Laurent Kabila desde su escondite en Kigoma, en la margen opuesta del lago Tanganica. Aquella situación contribuyó sin duda a preservar la verdadera identidad del Che

Guevara, y él mismo, para mayor seguridad, no figuró como jefe principal de la misión. Por eso se le conocía con el seudónimo de Tatu, que es el nombre del número 3 en lengua swahili.

El Che Guevara permaneció en el Congo desde abril hasta diciembre de 1965. No solo entrenaba guerrilleros sino que los dirigía en el combate y peleaba junto con ellos. Sus vínculos personales con Fidel Castro, sobre los cuales se ha especulado tanto, no se debilitaron en ningún momento. Sus contactos fueron permanentes y cordiales mediante sistemas de comunicación muy eficaces.

Cuando Moise Tshombe fue derribado, los congoleses pidieron el retiro de los cubanos como una medida para facilitar el armisticio. El Che Guevara se fue como había llegado: sin hacer ruido. Se fue por el aeropuerto de Dar es Salam, capital de Tanzania, en un avión comercial y leyendo al derecho y al revés un libro de problemas de ajedrez, para taparse la cara durante las seis horas del vuelo, mientras en el asiento vecino un ayudante cubano trataba de entretener al comisario político del Ejército de Zanzíbar, que era un viejo admirador del Che Guevara y habló de él sin descanso durante todo el viaje, tratando de tener noticias suyas y reiterando sin cesar los deseos que tenía de volver a verlo.

Aquel paso fugaz y anónimo del Che Guevara por el África dejó sembrada la semilla que nadie había de erradicar. Algunos de sus hombres se trasladaron a Brazzaville, y allí instruyeron unidades de guerrillas para el PAIGC,[3] que dirigía Amílcar Cabral, y en especial para el MPLA.

Una de las columnas entrenadas por ellos entró clandestinamente en Angola a través de Kinshasa y se incorporó a la lucha contra los portugueses con el nombre de "Columna Camilo Cienfuegos". Otra se infiltró en Cabinda, y más tarde cruzó el río Congo y se implantó en la zona de Bengo, donde nació Agostinho Neto y donde se luchó contra los portugueses durante cinco siglos.

De modo que la acción solidaria de Cuba en Angola no fue un acto impulsivo y casual, sino una consecuencia de la política continua de la

---

2. Había poca información pública sobre la operación del Congo antes de 1999, cuando se publicó *Pasajes de la guerra revolucionaria: Congo* de Ernesto Che Guevara. Guevara voló de La Habana a Tanzania con Víctor Dreke, segundo al mando de la columna, y con José María Martínez Tamayo (Papi), miembro de la escolta de Che y su enlace con fuerzas revolucionarias en América Latina. La columna estaba integrada por 128 combatientes, la mayoría de los cuales viajaron a Tanzania en avión. Che y los primeros voluntarios llegaron al Congo el 24 de abril de 1965. Ver *De la sierra del Escambray al Congo*, por Víctor Dreke (Pathfinder, 2002).

---

3. El Partido Africano por la Independencia de Guinea-Bissau y Cabo Verde (PAIGC) lanzó una lucha armada contra el dominio colonial portugués en 1963. Logró la independencia de Guinea-Bissau en 1974 y la de Cabo Verde en 1975.

El primer batallón cubano enviado a Angola, en septiembre de 1975, fue transportado en vuelos especiales de Cubana de Aviación en aviones Bristol Britannia como este.

Revolución Cubana en África. Solo que había un elemento nuevo y dramático en esa delicada decisión. Esta vez no se trataba simplemente de mandar una ayuda posible, sino de emprender una guerra regular de gran escala a 10 mil kilómetros de su territorio, con un costo económico y humano incalculable y unas consecuencias políticas imprevisibles.

La posibilidad de que Estados Unidos interviniera de un modo abierto, y no a través de mercenarios y de África del Sur, como lo había hecho hasta entonces, era sin duda uno de los enigmas más inquietantes. Sin embargo, un rápido análisis permitía prever que por lo menos lo pensaría más de tres veces, cuando acababa de salir del pantano de Vietnam y del escándalo de Watergate, con un presidente que nadie había elegido,[4] con la CIA hostigada por el Congreso y desprestigiada ante la opinión pública, con la necesidad de cuidarse para no aparecer como aliado de la racista, África del Sur, no solo ante la mayoría de los países africanos, sino ante la propia población negra de Estados Unidos, y además en plena campaña electoral y en el flamante año del bicentenario. Por otra parte, los cubanos estaban seguros de contar con la solidaridad y la ayuda material de la Unión Soviética

y otros países socialistas, pero también eran conscientes de las implicaciones que su acción podría tener para la política de la coexistencia pacífica y la distensión internacional.

Era una decisión de consecuencias irreversibles, y un problema demasiado grande y complejo para resolverlo en 24 horas. En todo caso, la dirección del Partido Comunista de Cuba no tuvo más de 24 horas para decidir y decidió sin vacilar, el 5 de noviembre, en una reunión larga y serena. Al contrario de lo que tanto se ha dicho, fue un acto independiente y soberano de Cuba, y fue después y no antes de decidirlo que se hizo la notificación correspondiente a la Unión Soviética.

Otro 5 de noviembre como aquél, en 1843, una esclava del ingenio Triunvirato de la región de Matanzas, a quien llamaban la Negra Carlota, se había alzado machete en mano al frente de una partida de esclavos, y había muerto en la rebelión. Como homenaje a ella, la acción solidaria en Angola llevó su nombre: Operación Carlota.

La Operación Carlota se inició con el envío de un batallón reforzado de tropas especiales, compuesto por 650 hombres. Fueron transportados por avión en vuelos sucesivos durante 13 días desde la sección militar del aeropuerto José Martí, en La Habana, hasta el propio aeropuerto de Luanda, todavía ocupado por tropas portuguesas. Su misión específica era detener la ofensiva para que la capital de Angola no cayera en poder de las fuerzas enemigas antes de que se fueran los portugueses, y luego sostener la resistencia hasta que llegaran refuerzos por mar. Pero los hombres que salieron en los dos vuelos iniciales iban ya convencidos de llegar demasiado tarde, y solo abrigaban la esperanza final de salvar Cabinda.

El primer contingente salió el 7 de noviembre a las 4 de la tarde en un vuelo especial de Cubana de Aviación, a bordo de uno de los legendarios Bristol Britannia BB 218 de turbohélice, que ya habían sido descontinuados por sus fabricantes ingleses y jubilados en el mundo entero. Los pasajeros, que recuerdan muy bien haber sido 82 porque era el mismo número de los hombres del *Granma*, tenían un saludable aspecto de turistas tostados por el sol del Caribe. Todos iban vestidos de verano, sin ninguna insignia militar, con maletines de negocio y pasaportes regulares con sus nombres propios y su identidad real. Los miembros del batallón de

4. Al ahondarse las divisiones en la clase dominante de Estados Unidos, situación conocida como el escándalo de Watergate, el presidente Richard Nixon dimitió en agosto de 1974 para no enfrentar la probabilidad casi segura de ser removido en un *impeachment* (juicio de destitución) cuyos procedimientos ya habían comenzado en el Congreso norteamericano. El vicepresidente Gerald Ford fue investido presidente. Él se postuló a la presidencia dos años más tarde pero James Carter ganó las elecciones de 1976.

tropas especiales, que no dependen de las Fuerzas Armadas Revolucionarias sino del Ministerio del Interior, son guerreros muy diestros, de un nivel ideológico y político elevado, y algunos tienen un grado académico, son lectores habituales y revelan una preocupación permanente por la superación intelectual.

De manera que aquella ficción de civiles dominicales no debió parecerles ninguna novedad. Pero en los maletines llevaban metralletas, y en el departamento de carga del avión, en vez de equipaje, había un buen cargamento de artillería ligera, las armas individuales de guerra, tres cañones de 75 milímetros y tres morteros 82. El único cambio que se había hecho en el avión atendido por dos azafatas regulares, era una compuerta en el piso para sacar las armas desde la cabina de pasajeros en caso de emergencia.

El vuelo de La Habana a Luanda se hizo con una escala en Barbados para cargar combustible, en medio de una tormenta tropical, y otra escala de cinco horas en Guinea-Bissau, cuya finalidad principal era esperar la noche para volar en secreto hasta Brazzaville. Los cubanos aprovecharon aquellas cinco horas para dormir, y ese fue el sueño más espantoso del viaje, pues en las bodegas del aeropuerto había tantos mosquitos que las sábanas de los catres quedaron ensangrentadas.

Mobutu, con su arrogancia proverbial, ha dicho que Brazzaville se ilumina con el resplandor de Kinshasa, la moderna y fulgurante capital de Zaire. En eso no le falta razón. Las dos ciudades están situadas una frente a la otra con el río Congo de por medio, y los respectivos aeropuertos se encuentran tan cerca que los primeros pilotos cubanos tuvieron que estudiarlos muy bien para no aterrizar en la pista enemiga. Lo hicieron sin contratiempos, con las luces apagadas para no ser vistos desde la otra orilla, y permanecieron en Brazzaville apenas el tiempo suficiente para informarse por radio sobre la situación en Angola. El comandante angolano Xieto, que mantenía buenas relaciones con el comisionado portugués, había conseguido de este la autorización para que los cubanos aterrizaran en Luanda.

Así lo hicieron, a las 10 de la noche del 8 de noviembre, sin auxilio de torre y bajo un aguacero torrencial. Quince minutos después llegó un segundo avión. En aquel momento apenas estaban saliendo de Cuba tres barcos cargados con un regimiento de artillería, un batallón de tropas motorizadas y el personal de la artillería a reacción, que empezarían a desembarcar en Angola desde el 27 de noviembre. En cambio, las columnas de Holden Roberto estaban tan cerca, que horas antes habían matado a cañonazos a una anciana nativa, tratando de alcanzar el cuartel del Gran Farni donde fueron concentrados los cubanos. Así que estos no tuvieron ni siquiera tiempo de descanso. Se pusieron el uniforme verde oliva, se incorporaron a las filas del MPLA, y se fueron al combate.

La prensa cubana, por normas de seguridad, no había publicado la noticia de la participación en Angola. Pero como suele ocurrir en Cuba aun con asuntos militares tan delicados como ése, la operación era un secreto guardado celosamente entre 8 millones de personas. El Primer Congreso del Partido Comunista, que había de realizarse pocas semanas después y que fue una especie de obsesión nacional durante todo el año, adquirió entonces una dimensión nueva.

El procedimiento empleado para formar las unidades de voluntarios fue una citación privada a los miembros de la primera reserva que comprende a todos los varones entre los 17 y los 25 años, y a los que han sido miembros de las Fuerzas Armadas Revolucionarias. Se le citaba por telegrama al Comité Militar correspondiente sin mencionar el motivo de la convocatoria, pero el motivo era tan evidente que todo el que se creyó con capacidad militar se precipitó sin telegramas previos ante su comité respectivo, y mucho trabajo costó impedir que aquella solicitud masiva se convirtiera en un desorden nacional.

Hasta donde lo permitió la urgencia de la situación, el criterio selectivo fue bastante estricto. No solo se tomaron en cuenta la calificación militar y las condiciones físicas y morales, sino también los antecedentes de trabajo y la formación política. A pesar de ese rigor, son incontables los casos de voluntarios que lograron burlar los filtros de selección. Se sabe de un ingeniero calificado que se hizo pasar por chofer de camión, de un alto funcionario que logró pasar como mecánico, de una mujer que estuvo a punto de ser admitida como soldado raso. Se sabe de un muchacho que se fue sin permiso de su padre, y que más tarde se encontró con él en Angola, porque también su padre se había ido a escondidas de la familia. En cambio, un sargento de 20 años no consiguió que lo mandaran por ningún medio, y sin embargo tuvo que soportar con el machismo herido, que mandaran a su madre, que es periodista, y a su novia, que es médico. Algunos delincuentes comunes, desde la cárcel, pidieron ser admitidos, pero ninguno de esos casos fue contemplado.

La primera mujer que se fue, a principios de diciembre, había sido rechazada varias veces con el argumento de que "aquello era muy pesado para una mujer". Estaba lista para irse de polizón en un barco, y ya había metido su ropa en las bodegas con la complicidad de un compañero fotógrafo, cuando supo que había sido escogida para irse legalmente y por avión. Su nombre es Esther Lilia Díaz Rodríguez, una antigua maestra de 23 años que ingresó en las Fuerzas Armadas en 1969, y tiene una buena marca en tiro de infantería. Con ella se fueron, cada uno por un lado, tres hermanos más, César, Rubén y Erineldo. Cada uno por su lado, y sin ponerse de acuerdo, los cuatro le contaron el mismo cuento a su madre: que se iban para las maniobras militares de Camagüey con motivo del Congreso del Partido. Todos regresaron sanos y salvos, y su madre está orgullosa de que hayan estado en Angola, pero no les ha perdonado la mentira de las maniobras de Camagüey.

Las conversaciones con los que regresaron permiten establecer que algunos cubanos querían irse para Angola por motivos personales muy diversos. Por lo menos uno se filtró con el propósito simple de desertar, y luego secuestró un avión portugués y pidió asilo en Lisboa. Ninguno se fue a la fuerza: antes de irse todos tuvieron que firmar su hoja de voluntarios. Algunos se negaron a ir después de escogidos y fueron víctimas de toda clase de burlas públicas y desprecios privados. Pero no hay duda de que la inmensa mayoría se fue a Angola con la convicción plena de cumplir un acto de solidaridad política, con la misma conciencia y el mismo coraje con que 15 años antes habían rechazado el desembarco en Playa Girón. Y por eso mismo la Operación Carlota no fue una simple expedición de guerreros profesionales, sino una guerra popular.

Durante nueve meses, la movilización de recursos humanos y materiales fue toda una epopeya de temeridad. Los decrépitos Britannia remendados con frenos del Ilyushin 18 soviético mantuvieron un tráfico constante y casi inverosímil. Aunque su peso de despegue normal es 185 mil libras, llegaron a volar muchas veces con 194 mil, lo cual se sale de todas las tablas. Los pilotos, cuyas horas normales de vuelo deben ser 75 al mes, alcanzaron a volar más de 200.

En general, cada uno de los tres Britannia en servicio llevaba dos tripulaciones completas que se turnaban durante el vuelo. Pero un solo piloto recuerda haber estado en su asiento hasta 50 horas en un viaje de ida y vuelta, con 43 horas de vuelo efectivo. "Hay momentos en que uno está tan cansado que ya no se puede cansar más", ha dicho sin pretensiones de heroísmo. En aquellas condiciones debido a las diferencias de horas, los pilotos y las azafatas habían perdido la cuenta del tiempo, y su única orientación eran las solicitudes del cuerpo: comían solo cuando tenían hambre y dormían solo cuando tenían sueño.

La ruta de La Habana a Luanda es desamparada y desierta. A la altura de crucero de los Britannia, que es entre 18 mil y 20 mil pies, la información sobre vientos es inexistente en estos tiempos del jet. Los pilotos salían en cualquier sentido sin saber cuál era el estado de la ruta, volando a alturas indebidas para economizar combustible, y sin la menor idea de cuáles serían las condiciones al llegar. Entre Brazzaville y Luanda, que era el tramo más peligroso, no tenían aeropuerto alterno. Además los militares viajaban con las armas cargadas, y se transportaban explosivos sin cajas y proyectiles sin thermos para reducir la carga.

Estados Unidos apuntó al flanco más débil de los Britannia: su escasa autonomía de vuelo. Cuando consiguieron que el gobierno de Barbados impidiera la escala de abastecimiento, los cubanos establecieron una ruta trasatlántica desde Holguín, en el extremo oriental de Cuba, hasta la Isla de Sal, en Cabo Verde. Era una operación de trapecistas sin redes, porque en el viaje de ida los aviones llegaban apenas con el combustible para dos horas de vuelo, y en el vuelo de regreso, debido a los vientos contrarios, llegaban con reservas para solo una hora. Sin embargo, también aquella ruta de circo fue interrumpida para evitar perjuicios al indefenso Cabo Verde. Entonces se adaptaron en la cabina de los aviones cuatro tanques suplementarios de gasolina que les permitieron volar sin escala, pero con 30 pasajeros menos, desde

Holguín hasta Brazzaville.

La solución intermedia de hacer una escala en Guyana no resultó adecuada, en primer término porque la pista era muy corta, y en segundo término porque la Texaco, que es la explotadora del petróleo en Guyana, se negó a vender el combustible. Cuba trató de resolverlo con el envío a Guyana de un barco cargado de gasolina, pero por un accidente incomprensible se contaminó con tierra y agua. En medio de tantos y tan amargos inconvenientes, el gobierno de Guyana se mantuvo firme en su solidaridad con los cubanos, a pesar de que el embajador de Estados Unidos en persona lo amenazó con bombardear y destruir el aeropuerto de Georgetown.

El mantenimiento se hacía en menos de la mitad del tiempo normal, y un piloto recuerda haber volado varias veces sin radar, pero ninguno recuerda una falla en sus instrumentos. En aquellas condiciones inconcebibles, hicieron 101 vuelos hasta el término de la guerra.

El transporte marítimo no fue menos dramático. En los dos últimos barcos para pasajeros, de 4 mil toneladas cada uno, se adaptaron como dormitorios todos los espacios libres, y se improvisaron letrinas en el cabaret, los bares y los corredores. Su cupo normal de 226 pasajeros se triplicó en algunos viajes. Los buques de carga para 800 personas llegaron a transportar más de mil pasajeros con carros blindados, armamentos y explosivos. Fue necesario adaptar cocinas de campaña en las bodegas de carga y en los alones. Para economizar agua se usaban platos desechables y en vez de vasos se utilizaron recipientes de yogurt. Los tanques de lastre se usaban para el aseo y se adaptaron en cubierta unas 50 letrinas que se descargaban por la borda.

Las máquinas cansadas de los barcos más viejos empezaban a resistirse al cabo de seis meses de rendimiento excepcional. Ese fue el único motivo de exasperación para los primeros repatriados, cuyo ansiado regreso se retrasó varios días porque al *Vietnam Heroico* se le tupían los filtros. Las otras unidades del convoy se veían forzadas a esperarlo, y alguno de sus pasajeros comprendió entonces al Che Guevara cuando afirmó que la marcha de una guerrilla está determinada por el hombre que menos avanza.

Aquellos obstáculos parecían más angustiosos en esa época, porque los barcos cubanos eran objeto de toda clase de provocaciones por destructores norteamericanos que los asediaban durante días enteros, y los aviones de guerra los fotografiaban y hostigaban con vuelos rasantes.

A pesar de las duras condiciones de aquellos viajes de casi veinte días, no se presentó ningún problema sanitario grave. En los 42 viajes que se hicieron durante los seis meses de la guerra, los servicios médicos de a bordo no tuvieron que hacer sino una operación de apendicitis y otra de hernia, y solo tuvieron que combatir un brote diarreico provocado por una carne enlatada. En cambio, hubo que controlar una epidemia más difícil, que era la de los tripulantes que a toda costa querían quedarse peleando en Angola. Uno de ellos, oficial de la reserva, se procuró como pudo un uniforme verde oliva, desembarcó confundido con la tropa, y consiguió quedarse de contrabando. Fue uno de los buenos oficiales de información que se destacaron en la guerra.

Por otra parte, la ayuda material soviética, que entraba por distintos canales requería la llegada constante de personal calificado para manejar y enseñar a manejar armas nuevas y equipos complejos que todavía eran desconocidos para los angolanos.

El jefe del estado mayor cubano [Abelardo Colomé (Furry)] en persona se trasladó a Angola a fines de noviembre. Todo parecía entonces admisible, menos perder la guerra. Sin embargo, la verdad histórica es que estaba a punto de perderse.

En la primera semana de diciembre la situación era tan desesperada, que se pensó en la posibilidad de fortalecerse en Cabinda y salvar una cabeza de playa en torno a Luanda para iniciar la evacuación. Para colmo de angustias, aquella perspectiva sombría se presentaba en el peor momento, tanto para los cubanos como para los angolanos. Los cubanos se preparaban para el Primer Congreso del Partido, entre el 17 y el 22 de diciembre, y sus dirigentes eran conscientes de que un revés militar en Angola era un golpe político mortal. Por su parte, los angolanos se preparaban para la inminente conferencia de la OUA, y hubieran querido asistir con una posición militar más propicia para inclinar a su favor a la mayoría de los países africanos.

Las adversidades de diciembre se debían en primer lugar al tremendo poder de fuego del enemigo, que para esa fecha había recibido ya de Estados

Unidos más de 50 millones de dólares de ayuda militar. Se debía en segundo lugar al retraso con que Angola pidió la ayuda cubana, y a la lentitud forzosa en el transporte de los recursos. Y se debía en último término a las condiciones de miseria y retraso cultural que dejó en Angola medio milenio de colonialismo sin alma. Más que los dos primeros, fue este último punto el que creó las dificultades mayores para la integración decisiva entre los combatientes cubanos y el pueblo armado de Angola.

En realidad, los cubanos encontraron el mismo clima, la misma vegetación, los mismos aguaceros, los mismos atardeceres apocalípticos y fragorosos con olor de maleza y caimán. Algunos eran tan parecidos a los angolanos, que muy pronto prosperó la versión festiva de que solo era posible distinguirlos tocándoles la punta de la nariz, porque los africanos tienen el cartílago blando por la forma en que las madres cargan a los bebés con la cara aplastada contra su espalda.

Los colonos portugueses, tal vez los más voraces y mezquinos de la historia, construyeron ciudades modernas y hermosas para vivir toda la vida, con edificios de vidrios refrigerados y tiendas abigarradas con enormes letreros de luz. Pero eran ciudades para blancos, como las que estaban construyendo los gringos al derredor de La Habana Vieja, y que los guajiros vieron asombrados cuando bajaron por primera vez de la Sierra, con el fusil al hombro.

Debajo de aquella cáscara de civilización yacía un vasto y rico país de miserias. El nivel de vida de la población nativa era uno de los más bajos del mundo, el índice de analfabetismo era superior al 90%, y las condiciones culturales eran todavía muy próximas a la edad de piedra. Aun en las ciudades del interior, los únicos que hablaban el portugués eran los hombres, y éstos convivían hasta con siete esposas en una misma casa. Las supersticiones atávicas no solo eran un inconveniente para la vida diaria, sino también para la guerra. Los angolanos estaban convencidos desde siempre que a los blancos no les entraban las balas, tenían un miedo mágico de los aviones y se negaban a pelear dentro de las trincheras porque decían que las tumbas eran solo para los muertos.

Ya el Che Guevara había visto en el Congo que los guerreros se ponían un collar contra los cañonazos y una pulsera contra la metralla, y que se quemaban la cara con tizones para afrontar los riesgos de la guerra. Tanto se interesó por estos absurdos culturales, que estudió a fondo la idiosincrasia africana y aprendió a hablar la lengua swahili para tratar de modificarlos desde dentro, consciente de que hay una fuerza perniciosa y profunda que se siembra en el corazón de los hombres y que no es posible derrotar a bala: la colonización mental.

Las condiciones sanitarias, por supuesto, eran atroces. En San Pedro de Cota los cubanos se llevaron a curar casi a la fuerza a un niño que se había quemado todo el cuerpo con agua hirviendo y cuya familia lo estaba velando vivo porque lo creía insalvable. Los médicos cubanos se encontraron con enfermedades que ni siquiera conocían. Bajo el dominio portugués había en Angola solo 90 médicos para 6 millones de habitantes, y la mayoría estaba concentrada en la capital. Cuando los portugueses se fueron solo quedaron 30 médicos. El mismo día en que llegó a Porto Amboim, un

"Angola en 1975 era un vasto y rico país de miserias. El nivel de vida de la población nativa era uno de los más bajos del mundo y el índice de analfabetismo era superior al 90 por ciento," dijo Gabriel García Márquez. **Arriba:** Internacionalista cubano (derecha) enseña a combatientes angolanos a leer y escribir.

GABRIEL GARCÍA MÁRQUEZ 133

pediatra cubano vio morir a cinco niños sin poder hacer nada por falta de recursos. Para un médico de 35 años, formado en un país con uno de los índices de mortalidad infantil más bajos del mundo, aquélla fue una experiencia insoportable.

El MPLA había hecho grandes progresos contra el primitivismo en sus largos y silenciosos años de lucha contra el dominio portugués, y de ese modo creó las condiciones para la victoria final. En los territorios liberados se elevaba el nivel político y cultural de la población, se combatía el tribalismo y el racismo, y se fomentaba la educación gratuita y la salud pública. Era la simiente de una nueva sociedad.

Sin embargo, esos esfuerzos meritorios y descomunales resultaron minúsculos cuando la guerra de guerrillas se convirtió en una guerra grande y moderna y fue preciso apelar no solo a la gente con formación militar y política, sino a todo el pueblo de Angola. Era una guerra atroz, en la cual había que cuidarse tanto de los mercenarios como de las serpientes, y tanto de los cañones como de los caníbales. Un comandante cubano en pleno combate, cayó en una trampa de elefantes. Los africanos negros, condicionados por su rencor atávico contra los portugueses, fueron hostiles en un principio a los cubanos blancos. Muchas veces, sobre todo en Cabinda, los exploradores cubanos se sentían delatados por el telégrafo primitivo de los tambores de comunicación, cuyo tam tam se escuchaba hasta 35 kilómetros a la redonda.

Por su parte, los militares blancos de África del Sur, que disparaban contra las ambulancias con cañones 140, echaban cortinas de humo en el campo de batalla para recoger a sus muertos blancos, pero dejaban a los negros a disposición de los buitres. En la casa de un ministro de la UNITA que vivía con el confort propio de su rango, los hombres del MPLA encontraron dentro de un refrigerador las vísceras sobrantes y varios frascos con la sangre congelada de los prisioneros de guerra que se habían comido.

A Cuba no llegaban sino malas noticias. El 11 de diciembre, en Hengo, donde se estaba lanzando una fuerte ofensiva de las FAPLA contra los invasores de África del Sur, un carro blindado de Cuba con cuatro comandantes a bordo se aventuró por un sendero donde ya los zapadores habían detectado algunas minas. A pesar de que antes habían pasado cuatro carros ilesos, los zapadores advirtieron al blindado que no tomara esa ruta cuya única ventaja era ganar unos minutos que por lo demás no parecían necesarios. Apenas entró en el sendero el carro fue lanzado al aire por una explosión. Dos comandantes del batallón de tropas especiales quedaron heridos de gravedad. El comandante Raúl Díaz Argüelles, comandante general de las operaciones internacionalistas en Angola, héroe de la lucha contra Batista y un hombre muy querido en Cuba, quedó muerto en el acto. Fue una de las noticias más amargas para los cubanos, pero no había de ser la última de aquella mala racha.

Al día siguiente ocurrió el desastre de Catofe, tal vez el más grande revés de toda la guerra. Ocurrió así: una columna sudafricana había logrado reparar un puente sobre el río Nhia con una rapidez impresionante, había atravesado el río amparada por la niebla del amanecer, y había sorprendido a los cubanos en la retaguardia táctica. El análisis de ese revés demostró que se debió a un error de los cubanos. Un militar europeo con mucha experiencia en la Segunda Guerra Mundial, consideró que aquel análisis era demasiado severo, manifestó más tarde

EDITORA POLÍTICA

Raúl Díaz Argüelles (centro, con lentes oscuros), jefe del primer contingente internacionalista cubano, con algunos de los primeros voluntarios cubanos en llegar a Angola. Díaz Argüelles cayó en operaciones de combate en el sur de Angola, diciembre de 1975.

a un alto dirigente cubano: "Ustedes no saben lo que es un error de guerra". Pero para los cubanos lo era, y muy grave, a solo cinco días del congreso del partido.

Fidel Castro en persona estaba al corriente hasta de los detalles más simples de la guerra. Había asistido al despacho de todos los barcos, y antes de la partida había arengado a las unidades de combatientes en el teatro de La Cabaña. Había ido a buscar él mismo a los comandantes del batallón de tropas especiales que se fueron en el primer vuelo, y los había llevado hasta la escalerilla del avión manejando su propio jeep soviético. Es probable que entonces, como en cada una de las despedidas, Fidel Castro tuvo que reprimir un recóndito sentimiento de envidia por los que se iban para una guerra que él no podía vivir. Ya en aquel momento no había un punto en el mapa de Angola que no pudiera identificar, ni un accidente del terreno que no conociera de memoria. Su concentración en la guerra era tan intensa y meticulosa, que podía citar cualquier cifra de Angola como si fuera de Cuba, y hablaba de sus ciudades, de sus costumbres y sus gentes como si hubiera vivido allí toda la vida.

Al principio de la guerra, cuando la situación era apremiante, Fidel Castro permaneció hasta 14 horas continuas en la sala de mando del estado mayor, y a veces sin comer ni dormir, como si estuviera en campaña. Seguía los incidentes de las batallas con los alfileres de colores de los mapas minuciosos y tan grandes como las paredes, y en comunicación constante con los altos mandos del MPLA en un campo de batalla donde eran seis horas más tarde.

Algunas de sus reacciones en esos días inciertos revelaban su certidumbre de victoria. Una unidad de combate del MPLA se vio forzada a dinamitar un puente para demorar el avance de las columnas blindadas de África del Sur. Fidel Castro les sugirió en un mensaje: "No vuelen más puentes que después no tendrán cómo perseguirlos". Tuvo razón. Apenas unas semanas más tarde, las brigadas de ingenieros angolanos y cubanos tuvieron que reparar 13 puentes en 20 días para alcanzar a los invasores en desbandada.

El 22 de diciembre, en el acto de clausura del congreso del partido, Cuba reconoció por primera vez de manera oficial que había tropas cubanas luchando en Angola. La situación de la guerra continuaba siendo incierta. Fidel Castro, en el discurso final, reveló que los invasores de Cabinda habían sido aplastados en 72 horas, que en el frente norte, las tropas de Holden Roberto, que se encontraban a 25 kilómetros de Luanda el 10 de noviembre, habían tenido que retroceder a más de 100 kilómetros, y que las columnas blindadas de África del Sur, que en menos de 20 días habían avanzado 700 kilómetros fueron frenadas a más de 200 kilómetros de Luanda y no habían podido avanzar más. Fue una información reconfortante y rigurosa, pero todavía estaba muy lejos de la victoria.

Mejor suerte tuvieron los angolanos el 12 de enero en la conferencia de la OUA, reunida en Addis Abeba. Unos días antes, las tropas al mando del comandante cubano Víctor Schueg Colás, un negro enorme y cordial que antes de la revolución había sido mecánico de automóviles, expulsaron a Holden Roberto de su ilusoria capital de Carmona, ocuparon la ciudad, y pocas horas después tomaron la base militar de Negage.

La ayuda de Cuba llegó entonces a ser tan intensa, que a principios de enero había 15 barcos cubanos navegando al mismo tiempo hacia Luanda. La ofensiva incontenible del MPLA en todos los frentes, volteó para siempre la situación a su favor. Tanto, que a mediados de enero adelantó en el frente sur las operaciones de ofensiva que estaban previstas para abril. África del Sur disponía de aviones Canberra, y Zaire operaba con Mirages y Fiat. Angola carecía de aviación, porque los portugueses destruyeron las bases antes de retirarse. Apenas si podía servirse de unos viejos DC-3 que los pilotos cubanos habían puesto en servicio, y que a veces tenían que aterrizar de noche cargados de heridos en pistas apenas alumbradas con mechones improvisados, y llegaban al lugar de destino con bejucos y guirnaldas de flores de la selva enredadas en las ruedas. En cierto momento, Angola dispuso de una escuadrilla de MiG-17 con su respectiva donación de pilotos cubanos, pero fueron considerados como reserva del alto mando militar y solo habrían sido usados en la defensa de Luanda.

A principios de marzo, el frente norte quedó liberado con la derrota de los mercenarios ingleses y gringos que la CIA reclutó de trasmano a última hora en una operación desesperada. Todas las tropas, con su estado mayor en pleno, fueron

CORTESÍA DE NESTOR LÓPEZ CUBA

Tras expulsión de fuerzas sudafricanas de Angola a fines de marzo de 1976, los funcionarios de Pretoria que gobernaban Namibia pidieron permiso para cruzar la frontera e iniciar conversaciones. En un acuerdo firmado el 27 de marzo, entregaron a Angola el control de las represas de Ruacaná y Calueque que se construían en la frontera con Namibia. **Izquierda:** 27 de marzo de 1976. De la izquierda, J. Thompson, gerente general de construcción; J.M. de Wet, representante del gobierno sudafricano en Namibia (entonces llamada África Sudoccidental por Pretoria); y representante del ejército sudafricano. A la derecha, (con gorra y lentes oscuros) Leopoldo Cintra Frías, comandante de la fuerzas cubanas en Angola y jefe de la delegación cubano-angolana. **Derecha:** El jefe de columna de tanques cubano Néstor López Cuba (tercero de la izquierda, de frente a la cámara con gorra) y oficial cubano Jorge Guerrero (derecha) durante conversaciones en la frontera ese mismo día. Los hombres de espaldas a la cámara son sudafricanos.

concentradas en el sur. El ferrocarril de Benguela había sido liberado, y la UNITA se desintegraba en tal estado de desorden que un cohete del MPLA, en Gago Cutinho desbarató la casa que Jonas Savimbi había ocupado hasta una hora antes.

Desde mediados de marzo las tropas de África del Sur iniciaron la desbandada. Debió ser una orden suprema, por temor de que la persecución del MPLA continuara a través de la sometida Namibia y llevara la guerra hasta el mismo territorio de África del Sur. Aquella posibilidad habría contado sin duda con el apoyo de toda el África negra y de la gran mayoría de los países de las Naciones Unidas contrarios a la discriminación racial. Los combatientes cubanos no lo pusieron en duda cuando se les ordenó trasladarse en masa al frente sur. Pero el 27 de marzo, cuando los sudafricanos en fuga atravesaron la frontera y se refugiaron en Namibia, la única orden que recibió el MPLA fue ocupar las presas abandonas y garantizar el bienestar de los obreros de cualquier nacionalidad.

El 1 de abril, a las 9:15 de la mañana, la avanzada del MPLA al mando del comandante cubano Leopoldo Cintras Frías, llegó hasta la presa de Ruacaná, al borde mismo de la cerca de alambre de gallinero de la frontera. Una hora y cuarto después el gobernador sudafricano de Namibia, general Ewefp,[5] acompañado por otros dos oficiales de su ejército, pidió autorización para atravesar la frontera e iniciar las conversaciones con el MPLA. El comandante Cintras Frías los recibió en una barraca de madera construida en la franja neutral de 10 metros que separa los dos países, los delegados de ambos bandos con sus respectivos intérpretes se sentaron a discutir en torno a una larga mesa de comedor. El general Ewefp, un cincuentón rechoncho y calvo, representó lo mejor que pudo una imagen de hombre simpático y de mucho mundo, y aceptó sin reservas las condiciones del MPLA. El acuerdo demoró dos horas. Pero la reunión demoró más, porque el general Ewefp hizo traer para todos un almuerzo suculento preparado del lado de Namibia, y mientras almorzaban hizo varios brindis con cerveza y contó a sus adversarios cómo había perdido el meñique de la mano derecha en un accidente de tránsito.

---

5. En la reunión, que en realidad se celebró el 27 de marzo de 1976, la delegación de Pretoria estaba encabezada por Johannes Marthinius de Wet, comisionado general de la colonia sudafricana de Namibia.

A fines de mayo Henry Kissinger visitó en Estocolmo al primer ministro sueco Olof Palme, y al salir de la visita declaró jubiloso para la prensa mundial que las tropas cubanas estaban evacuando a Angola. La noticia, según se dijo, estaba en una carta personal que Fidel Castro le había escrito a Olof Palme. El júbilo de Kissinger era comprensible, porque el retiro de las tropas cubanas le quitaba un peso de encima ante la opinión de Estados Unidos, agitada por la campaña electoral.

La verdad es que en esa ocasión Fidel Castro no le había mandado ninguna carta a Olof Palme. Sin embargo, la información de este era correcta aunque incompleta. En realidad, el programa del retiro de las tropas cubanas de Angola había sido acordado por Fidel Castro y Agostinho Neto en su entrevista del 14 de marzo en Conakry, cuando ya la victoria era un hecho. Decidieron que el retiro sería gradual, pero que en Angola permanecerían cuantos cubanos fueran necesarios y por el tiempo que fuera indispensable para organizar un ejército moderno y fuerte, capaz de garantizar en el futuro la seguridad interna y la independencia del país sin ayuda de nadie.

De modo que cuando Henry Kissinger cometió la infidencia de Estocolmo ya habían regresado a Cuba más de 3 mil combatientes de Angola, y muchos otros estaban en camino. También el retorno trató de mantenerse en secreto por razones de seguridad. Pero Esther Lilia Díaz Rodríguez, la primera muchacha que se fue y una de las primeras que volvieron por avión, tuvo una prueba más del ingenio de los cubanos para saberlo todo. Esther había sido concentrada para el chequeo médico de rigor en el Hospital Naval de La Habana antes de informar a la familia de su regreso. Al cabo de 48 horas fue autorizada para salir y tomó un taxi en la esquina que la llevó a su casa sin ningún comentario, pero el chofer no quiso cobrarle el servicio porque sabía que ella regresaba de Angola. "¿Cómo lo supiste?", le preguntó Esther, perpleja. El chofer contestó: "Porque ayer te vi en la terraza del Hospital Naval, y ahí solo están los que regresan de Angola".

Yo llegué a La Habana por esos días y desde el aeropuerto tuve la impresión definida de que algo muy profundo había ocurrido en la vida cubana desde que estuve allí la última vez, un año antes. Había un cambio indefinible pero demasiado notable no solo en el espíritu de la gente sino también en la naturaleza de las cosas, de los animales y del mar, y en la propia esencia de la vida cubana. Había una nueva moda masculina de vestidos enteros de tela ligera con chaquetas de manga corta. Había novedades de palabras portuguesas en la lengua callejera. Había nuevos acentos en los viejos acentos africanos de la música popular. Había discusiones más ruidosas que de costumbre en las colas de las tiendas y en los autobuses atestados, entre quienes habían sido partidarios resueltos de la acción en Angola y quienes apenas entonces empezaban a comprenderla.

Sin embargo, la experiencia más interesante, y rara, era que los repatriados parecían conscientes de haber contribuido a cambiar la historia del mundo, pero se comportaban con la naturalidad y la decencia de quienes simplemente habían cumplido con su deber.

En cambio, tal vez ellos mismos no eran conscientes de que en otro nivel, tal vez menos generoso pero también más humano, hasta los cubanos sin demasiadas pasiones se sentían compensados por la vida al cabo de muchos años de reveses injustos. En 1970, cuando falló la zafra de los 10 millones, Fidel Castro pidió al pueblo convertir la derrota en victoria. Pero en realidad, los cubanos estaban haciendo eso desde hacía demasiado tiempo con una conciencia política tenaz y una fortaleza moral a toda prueba.

Desde la victoria de Girón, hacía más de 15 años, habían tenido que asimilar con los dientes apretados el asesinato del Che Guevara en Bolivia y el del presidente Salvador Allende en medio de la catástrofe de Chile, y habían padecido el exterminio de las guerrillas en América Latina y la noche interminable del bloqueo, y la polilla recóndita e implacable de tantos errores internos del pasado que en algún momento los mantuvieron al borde del desastre. Todo eso, al margen de las victorias irreversibles pero lentas y arduas de la revolución, debió crear en los cubanos una sensación acumulada de penitencias inmerecidas. Angola les dio por fin la gratificación de la victoria grande que tanto estaban necesitando.

GLOSARIO DE INDIVIDUOS, ORGANIZACIONES Y SUCESOS

Acevedo, Enrique (1942–) – General de brigada; escritor e historiador de las fuerzas armadas de Cuba. Cumplió misión en Angola en 1977 y 1987–88, comandando una brigada de tanques. Se integró al Ejército Rebelde en julio de 1957 a los 14 años. Luego trasladado a la Columna 8 de Che Guevara, que cruzó la isla desde la Sierra Maestra hasta el Escambray.

Agramonte, Ignacio (1841–73) – Uno de los principales dirigentes políticos y militares de la primera guerra de independencia cubana contra España. Jefe de división del Ejército Libertador en la provincia de Camagüey, ascendido a mayor general. Muerto en combate.

Bahía de Cochinos – Ver Playa Girón

Baraguá, Protesta de – Ver Maceo, Antonio

Batista, Fulgencio (1901–1973) – Hombre fuerte militar en Cuba, 1934–58. Electo presidente, 1940–44. Dirigió golpe de estado en marzo de 1952 que impuso tiranía militar-policiaca apoyada por Washington. Huyó de Cuba el 1 de enero de 1959, ante avance del Ejército Rebelde e insurrección popular.

Cabral, Amílcar (1924–1973) – Dirigente fundador del Partido Africano por la Independencia de Guinea y Cabo Verde (PAIGC), 1956. En 1963 el PAIGC se alzó en armas contra el dominio portugués; ganó la independencia de Guinea-Bissau en 1974 y de Cabo Verde en 1975. Asesinado en enero de 1973.

Carlota – Esclava del ingenio Triunvirato en Matanzas, Cuba, quien encabezó una rebelión que comenzó el 5 de noviembre de 1843. Fue capturada y ejecutada cuando la rebelión fue derrotada.

Cassinga – Campamento de refugiados namibios en el sur de Angola, atacado en mayo de 1978 por aviones sudafricanos con bombas de mil libras seguidos por paracaidistas. Más de 600 refugiados fueron masacrados, casi la mitad de ellos niños. Cientos de los niños, muchos de ellos heridos, fueron llevados a Cuba, donde recibieron atención médica y educación.

Castro, Fidel (1926–) – Dirigente central del movimiento revolucionario en Cuba desde el inicio de la lucha contra la tiranía de Batista en 1952. Organizó los asaltos del 26 de julio de 1953 al cuartel Moncada en Santiago de Cuba y al cuartel Carlos Manuel de Céspedes en Bayamo. Apresado y condenado a 15 años de prisión. Excarcelado en 1955 tras campaña de amnistía. Dirigió fusión de organizaciones revolucionarias para fundar el Movimiento Revolucionario 26 de Julio. Organizó expedición del *Granma* desde México para lanzar guerra revolucionaria en Cuba, 1956. Comandante en jefe del Ejército Rebelde, 1956–59, y comandante en jefe de las Fuerzas Armadas Revolucionarias, 1959–2008. Primer ministro de Cuba, febrero de 1959 a 1976. Primer secretario del Partido Comunista de Cuba, 1965–2011; presidente de los Consejos de Estado y de Ministros, 1976–2008.

Castro, Raúl (1931–) – Presidente de los Consejos de Estado y de Ministros desde 2008, primer secretario del Partido Comunista de Cuba desde 2011. Organizador de protestas estudiantiles en la Universidad de La Habana contra dictadura de Batista. Participó en asalto al Moncada en 1953; capturado y condenado a 13 años de prisión. Excarcelado en mayo de 1955 tras campaña de amnistía. Miembro fundador del Movimiento 26 de Julio y expedicionario del *Granma*. Comandante del Ejército Rebelde en el Segundo Frente Oriental, 1958. Ministro de Fuerzas Armadas Revolucionarias, 1959–2008. Viceprimer ministro, 1959–76. Primer vicepresidente de los

Consejos de Estado y de Ministros, 1976–2008; segundo secretario del Partido Comunista de Cuba, 1965–2011.

Céspedes, Carlos Manuel de (1819–1874) – Hacendado, liberó a sus esclavos en octubre de 1868 y lanzó primera guerra contra el dominio español. Comandante supremo del ejército independentista cubano; cayó en combate el 27 de febrero de 1874.

Choy, Armando (1934–) – General de brigada; presidente del Grupo de Trabajo Estatal para el Saneamiento, Conservación y Desarrollo de la Bahía de La Habana. Sustituto del jefe de Defensa Antiaérea y Fuerza Aérea en Angola, 1980–81. Embajador en Cabo Verde, 1986–92. Miembro del Movimiento 26 de Julio desde 1955; se integró a unidad guerrillera en la sierra del Escambray, mayo de 1958; luego ascendido a capitán del Ejército Rebelde. Dirigió un batallón de infantería en Playa Girón, abril de 1961. Miembro fundador del Partido Comunista de Cuba.

Chui, Gustavo (1938–) – General de brigada. Ayudó a establecer misiones militares internacionalistas en Mozambique, Etiopía, Nicaragua. Jefe del puesto de mando especial ayudando a Fidel Castro y Raúl Castro en conducción de la misión en Angola. Sustituto del jefe del estado mayor en Angola, 1986–87; jefe de 90 Brigada de Tanques en provincia de Malanje, 1987–88. Gravemente herido por mina antitanque. Se integró al Ejército Rebelde a principios de 1958. Encargado de armar unidades de milicias y del ejército que combatieron a mercenarios en Playa Girón, abril de 1961. Miembro fundador del Partido Comunista de Cuba.

Cinco Cubanos – Gerardo Hernández, Ramón Labañino, Antonio Guerrero, Fernando González y René González. Cinco cubanos que en los años 90 aceptaron misiones internacionalistas para vigilar planes de grupos contrarrevolucionarios cubanoamericanos en el sur de Florida implicados en ataques violentos contra la Revolución Cubana. Arrestados por el FBI en septiembre de 1998 y acusados de más de 30 cargos amañados, desde actuar como agentes no registrados del gobierno cubano hasta conspiración para cometer espionaje y asesinato. Declarados culpables y sentenciados a penas que van desde 15 años para René González hasta doble cadena perpetua para Gerardo Hernández, quien dirigía al grupo. En 2013 ya habían pasado más de 14 años presos. Una campaña para luchar por su excarcelación ha crecido a nivel mundial.

Cintra Frías, Leopoldo (Polo, Polito) (1941–) – General de cuerpo de ejército; desde 2011, ministro de Fuerzas Armadas Revolucionarias y miembro del Consejo de Estado. Miembro del Comité Central del Partido Comunista de Cuba desde su fundación en 1965, y de su Buró Político desde 1991. Cumplió misión internacionalista en Etiopía en 1978 al frente de brigada de tanques; comandó tropas en el frente sur de Angola, 1975–76. Encabezó misión militar cubana en Angola, 1983–86 y 1989. Héroe de la República de Cuba. Proviene de familia campesina cerca de Yara, Cuba oriental; se incorporó al Ejército Rebelde en noviembre de 1957. Terminó la guerra como teniente; ascendido a capitán en enero de 1959.

Colomé, Abelardo (Furry) (1939–) – General de cuerpo de ejército. Ministro del interior desde 1989. Miembro del Comité Central del Partido Comunista de Cuba desde su fundación en 1965. Miembro del Buró Político del PCC y del Consejo de Estado. Encabezó misión cubana en Angola, 1975–76. Héroe de la República de Cuba. Se integró al Movimiento 26 de Julio en 1955. Participó en acción armada en Santiago de Cuba del 30 de noviembre de 1956, y en primer refuerzo del Ejército Rebelde en la Sierra Maestra, marzo de 1957. Ascendido a comandante, diciembre de 1958. Misión internacionalista en Argentina y Bolivia, 1962–64, para preparar y apoyar frente guerrillero en Argentina dirigido por Jorge Ricardo Masetti.

Comuneros de Paris – Participantes en el primer intento del pueblo trabajador en la historia de establecer su propio gobierno revolucionario, la Comuna de Paris. Los trabajadores y artesanos mantuvieron el poder del 18 de marzo al 28 de mayo de 1871, cuando su resistencia fue aplastada por fuerzas de la burguesía francesa. Durante el terror que siguió, más de 20 mil trabajadores de París fueron masacrados.

Crisis "de misiles" de octubre de 1962 – Ante preparativos de Washington de invadir a Cuba, el gobierno cubano suscribió acuerdo de defensa mutua con Moscú en 1962. En octubre de 1962 el presidente norteamericano John Kennedy exigió retirada de misiles nucleares soviéticos de Cuba, ordenó bloqueo naval, incrementó planes de invasión y puso las fuerzas armadas estadounidenses en alerta nuclear. Millones de trabajadores y agricultores cubanos se movilizaron para defender la revolución. El 28 de octubre el premier soviético Nikita Jruschov, sin consultar al gobierno cubano, anunció decisión de retirar los misiles.

De la Guardia Font, Antonio (Tony) (1938–1989) – Coronel en el Ministerio del Interior, donde encabezó tropas especiales por 18 años. En 1987 fue designado jefe de un departamento de Ministerio del Interior cuyo fin era evadir el embargo económico estadounidense. Utilizó su posición en esa agencia para realizar operativos de narcotráfico. En junio-julio de 1989 fue arrestado, enjuiciado, condenado y ejecutado junto al general de división Arnaldo Ochoa y otros dos altos oficiales de las Fuerzas Armadas Revolucionarias y del Ministerio del Interior.

De la Torriente Brau, Pablo (1901–1936) – Periodista y luchador contra dictadura de Gerardo Machado a principios de los 30. Voluntario republicano en la guerra civil española; cayó en combate, diciembre de 1936.

Díaz Argüelles, Raúl (1936–1975) – Primer jefe de la misión militar internacionalista de Cuba en Angola; murió a causa de mina antipersonal, diciembre de 1975; ascendido de manera póstuma a general de brigada. A principios de los 70 encabezó la Décima Dirección de las Fuerzas Armadas Revolucionarias, que supervisaba ayuda a movimientos antiimperialistas en América Latina y África y las misiones internacionalistas cubanas. Miembro del Directorio Revolucionario en La Habana durante la lucha contra Batista, se incorporó a columna guerrillera del Directorio en el Escambray en 1958. Fue comandante del Ejército Rebelde.

Dos Santos, Jose Eduardo (1942–) – Presidente de Angola a partir de 1979, tras muerte de Agostinho Neto. Se integró al MPLA en 1956. Ministro del exterior después de la independencia, 1976.

Espinosa Martín, Ramón (1939–) – General de cuerpo de ejército, y desde 2009 viceministro de las Fuerzas Armadas Revolucionarias. Cumplió misión en Angola al frente de fuerzas cubanas en Cabinda, 1975–76; gravemente herido por mina antitanque. Miembro del Comité Central del Partido Comunista de Cuba desde 1980; del Buró Político desde 1997. Encabezó misión militar cubana en Etiopía, 1980–82. Jefe del Ejército Oriental, 1982–2009. Héroe de la República de Cuba. Miembro del Movimiento 26 de Julio desde 1956; se integró en 1958 a columna guerrillera del Directorio Revolucionario en el Escambray, terminando la guerra como primer teniente.

FAPLA (Fuerzas Armadas Populares de Liberación de Angola) – Se originó como brazo armado del MPLA en la lucha contra el colonialismo portugués, convirtiéndose en las fuerzas armadas de Angola tras la independencia en 1975.

FLEC (Frente de Liberación del Enclave de Cabinda) – Formado en 1963 para combatir el colonialismo portugués en Cabinda. Tras independencia de Angola en 1975, fuerzas del FLEC combatieron al gobierno angolano dirigido por el MPLA, abogando por la separación de Cabinda, zona rica en petróleo. Recibió apoyo de la UNITA, del gobierno de Zaire y de Washington.

FNLA (Frente Nacional de Liberación de Angola) – Fundado en 1962 y dirigido por Holden Roberto. Uno de los grupos armados en la lucha contra el colonialismo portugués; entabló lazos con la CIA y la dictadura en Zaire. Apoyado por Zaire y Sudáfrica, libró guerra contra el gobierno angolano tras la independencia en 1975.

Fuerzas Armadas Revolucionarias – Continuadoras del Ejército Rebelde dirigido por Fidel Castro en la guerra revolucionaria cubana de 1956–58. Las FAR se crearon en octubre de 1959, consolidando en una sola estructura de mando el Ejército Rebelde, la Fuerza Aérea Rebelde, la Marina Revolucionaria y la Policía Nacional Revolucionaria. Raúl Castro encabezó el Ministerio de las Fuerzas Armadas Revolucionarias (MINFAR) desde su inicio hasta 2008.

Girón – Ver Playa Girón

Gómez, Máximo (1863–1905) – Nacido en República Dominicana, luchó en la guerra independentista de Cuba, 1868–78. Mayor general del Ejército Libertador al final del conflicto. Al reanudarse la guerra en 1895, regresó a Cuba como general en jefe del ejército independentista cubano.

González Llort, Fernando (1963–) – Uno de los cinco

revolucionarios cubanos presos en Estados Unidos desde 1998 (ver glosario, Cinco Cubanos) Fue a Florida en 1997; realizó misión de vigilar a grupos contrarrevolucionarios violentos hasta ser arrestado por el FBI en 1998. Acusado falsamente y declarado culpable de dos cargos de actuar y hacer que otros actúen como agentes no registrados de un gobierno extranjero, conspiración para hacerlo, y dos cargos más. Sentenciado a 19 años de cárcel, luego reducidos a 17 años y 9 meses. Cumplió misión internacionalista en Angola en unidad de inteligencia en el frente sur, 1987–89. Miembro del Partido Comunista desde 1988. Héroe de la República de Cuba.

González Sehwerert, René (1956–) – Uno de los cinco revolucionarios cubanos presos en Estados Unidos desde 1998 (ver glosario, Cinco Cubanos). Piloteó avioneta "robada" de Cuba a Estados Unidos en 1990. Se incorporó al grupo contrarrevolucionario Hermanos al Rescate y otros grupos paramilitares e informó al gobierno cubano sobre acciones planeadas. Realizó misión hasta ser arrestado por el FBI en 1998. Declarado culpable de actuar como agente no registrado de un gobierno extranjero y de conspiración para hacerlo. Cumplió más de 13 años de una sentencia de 15 años. Excarcelado en octubre de 2011, en libertad supervisada en Estados Unidos hasta 2014 bajo orden judicial. Cumplió misión internacionalista en Angola 1977–79. Miembro del Partido Comunista desde 1990. Héroe de la República de Cuba.

Granma – El 2 de diciembre de 1956, 82 combatientes revolucionarios dirigidos por Fidel Castro desembarcaron del yate *Granma* en Cuba suroriental tras viaje de siete días desde México. A pesar de reveses iniciales, los guerrilleros lograron establecer base del Ejército Rebelde en la Sierra Maestra. Desde ahí dirigieron a trabajadores y campesinos en lucha revolucionaria contra la dictadura de Batista; extendieron el clandestino Movimiento 26 de Julio por toda Cuba; y profundizaron la revolución social en territorios liberados, creando semilla del nuevo estado.

Guerras cubanas de independencia – Entre 1868 y 1898 los cubanos libraron tres guerras de independencia contra España: la Guerra de los Diez Años (1868–78), la Guerra Chiquita (1879–80) y la Guerra de 1895–98, que puso fin al dominio español. Tras la derrota de España, Washington ocupó a Cuba e impuso la llamada Enmienda Platt en la constitución, que le daba el "derecho de intervenir" en Cuba y de establecer bases navales en la isla.

Guerrero Rodríguez, Antonio (1958–) – Uno de los cinco revolucionarios cubanos presos en Estados Unidos desde 1998 (ver glosario, Cinco Cubanos). Fue a Florida en 1992; realizó misión de vigilar a grupos contrarrevolucionarios hasta ser arrestado por el FBI en 1998. Acusado falsamente y declarado culpable de conspiración para cometer espionaje y otros dos cargos. Sentenciado a cadena perpetua, más tarde reducida a 21 años y 10 meses. Graduado de ingeniería civil en Universidad de Kiev, Ucrania. Ha publicado libro de poesía escrito en la cárcel y sus obras pintadas en la cárcel han sido exhibidas a nivel internacional. Miembro del Partido Comunista de Cuba desde 1989. Héroe de la República de Cuba.

Guevara, Ernesto Che (1928–1967) – Nacido en Argentina, Guevara llegó a ser uno de los dirigentes centrales de la Revolución Cubana. Se integró en México a la expedición del *Granma* como médico de la tropa. Ascendido a comandante guerrillero en el Ejército Rebelde. Ocupó responsabilidades de dirección en el nuevo gobierno revolucionario, incluido presidente del Banco Nacional y ministro de industrias. A principios de 1965 Guevara visitó África y se reunió con dirigentes de organizaciones de liberación que luchaban contra el dominio colonial portugués. Ese año renunció a sus cargos de gobierno y se fue de Cuba para hacer preparativos de participación en luchas revolucionarias en el Cono Sur de América Latina. Dirigió misión voluntaria en el Congo en 1965, donde ayudó a fuerzas antiimperialistas. Fue a Bolivia en 1966 para dirigir guerrilla contra dictadura militar en ese país. Capturado y asesinado en 1967 por el ejército boliviano en un operativo dirigido por la CIA.

Guiteras, Antonio (1906–1935) – Dirigente de fuerzas antiimperialistas durante revolución de 1933 que derrocó a dictadura de Gerardo Machado. Ministro del interior en el "Gobierno de los Cien Días" derrocado por "rebelión de los sargentos" dirigida por Batista en enero de 1934. Asesinado en enero de 1935 mientras dirigía lucha revolucionaria contra régimen militar.

Hernández Nordelo, Gerardo (1965–) – Uno de los cinco revolucionarios cubanos presos en Estados Unidos desde 1998 (ver glosario, Cinco Cubanos). Fue a Florida en 1994; dirigió misión internacionalista para vigilar planes de grupos contrarrevolucionarios involucrados en actos violentos contra la Revolución Cubana. Arrestado por el FBI en 1998. Acusado falsamente y declarado culpable de conspiración para recoger y transmitir información sobre defensa nacional a un gobierno extranjero, conspiración para cometer asesinato y otros 11 cargos. Recibió doble cadena perpetua. Consumado caricaturista cuyas obras, dibujadas en la cárcel, han sido exhibidas a nivel mundial. Jefe de pelotón de reconocimiento en Cabinda durante misión internacionalista en Angola, 1989–90. Miembro del Partido Comunista de Cuba desde 1993. Héroe de la República de Cuba.

Kabila, Laurent (1939–2001) – Se opuso al golpe de estado de 1960 respaldado por Bruselas y Washington que derrocó al nuevo gobierno independiente congolés encabezado por Patricio Lumumba. Ayudó a dirigir rebelión de 1964 contra régimen proimperialista de Joseph Kasavubu y Moise Tshombe. Fue un dirigente de fuerzas congolesas que en 1965 recibieron ayuda de la columna internacionalista cubana encabezada por Che Guevara. Tras la destitución de la dictadura de Mobutu en 1997, Kabila fue jefe de estado. Asesinado en enero de 2001.

Labañino Salazar, Ramón (1963–) – Uno de los cinco revolucionarios cubanos presos en Estados Unidos desde 1998 (ver glosario, Cinco Cubanos). Fue a Florida en 1992; segundo al mando de la misión para vigilar a grupos contrarrevolucionarios involucrados en actos violentos contra la Revolución Cubana. Arrestado por el FBI en septiembre de 1998. Acusado falsamente y declarado culpable de conspiración para recoger y transmitir información sobre defensa nacional a un gobierno extranjero, y de otros nueve cargos. Sentenciado a cadena perpetua, luego reducida a 30 años. Se integró a la Unión de Jóvenes Comunistas en 1987. Oficial del Ministerio del Interior desde 1988. Miembro del Partido Comunista de Cuba desde 1991. Héroe de la República de Cuba.

López Cuba, Néstor (1938–1999) – Al momento de su muerte era general de división de las Fuerzas Armadas Revolucionarias, miembro del Comité Central del Partido Comunista, y vicepresidente del secretariado ejecutivo de la Asociación de Combatientes de la Revolución Cubana. Cumplió misiones internacionalistas en Siria en 1973 y Angola en 1975–76 como jefe de columna de tanques en el frente sur. Después de 1979 encabezó misión militar cubana en Nicaragua durante guerra contra fuerzas contrarrevolucionarias apoyadas por Washington. Se incorporó al Movimiento 26 de Julio en 1957 y al Ejército Rebelde en mayo de 1958.

Lumumba, Patricio (1925–1961) – Dirigente de lucha independentista en el Congo y primer ministro cuando el país se independizó de Bélgica en junio de 1960. En septiembre de 1960, tras solicitar tropas de la ONU para detener ataques de mercenarios respaldados por Bélgica, su gobierno fue derrocado en un golpe de estado instigado por Bruselas y Washington. Las tropas de la ONU que supuestamente protegían a Lumumba facilitaron su captura y asesinato por las fuerzas proimperialistas en enero de 1961.

Maceo, Antonio (1845–1896) – Dirigente y estratega militar en guerras independentistas cubanas contra España en el siglo XIX. Conocido en Cuba como el Titán de Bronce. Al concluir la primera guerra en 1878, se convirtió en símbolo de intransigencia revolucionaria al rehusar deponer las armas, acción que se llegó a conocer como la Protesta de Baraguá. Cayó en combate.

Mambises – Los combatientes en las tres guerras independentistas cubanas contra España entre 1868 y 1898. Muchos eran ex esclavos y trabajadores chinos que habían estado en servidumbre. La palabra "mambí" es de origen africano.

Mandela, Nelson (1918–) – Dirigente de la lucha contra el apartheid y del Congreso Nacional Africano en Sudáfrica desde mediados de los años 40. Arrestado en 1962, encarcelado hasta 1990. Liberado durante avance de masiva lucha revolucionaria para derrocar al régimen supremacista blanco, la cual recibió un gran impulso con la derrota del ejército del apartheid en Angola en 1988. Electo presidente de Sudáfrica en las primeras elecciones post-apartheid en 1994, ejerció el cargo hasta 1999.

Martí, José (1853–1895) – Héroe nacional de Cuba. Destacado poeta y escritor. Arrestado y exiliado por su actividad independentista a los 16 años. En 1892 fundó el Partido Revolucionario Cubano. Encabezó lucha contra el dominio colonial español y los designios de Washington sobre Cuba. Organizó y planificó la guerra de independencia de 1895. Cayó en combate.

Mella, Julio Antonio (1903–1929) – Dirigente fundador de Partido Comunista de Cuba 1925. Arrestado en 1926, escapó a México, continuó organizando actividades contra dictadura de Gerardo Machado. Asesinado en México por agentes de Machado, enero de 1929.

Mobutu Sese Seko (1930–1997) – Jefe del estado mayor del ejército del Congo recién independizado; dirigió golpe de estado proimperialista contra Patricio Lumumba, septiembre de 1960. En 1965 se autoproclamó presidente, ocupando el poder hasta ser derrocado en 1997. Cambió su nombre de nacimiento, Joseph Mobutu, en 1972.

Moncada, asalto al cuartel – El 26 de julio de 1953, unos 160 revolucionarios bajo el mando de Fidel Castro lanzaron simultáneamente asaltos insurreccionales al cuartel Moncada en Santiago de Cuba y al cuartel Carlos Manuel de Céspedes en Bayamo, iniciando la lucha armada revolucionaria contra la dictadura batistiana. Cinco cayeron en combate en el Moncada. Al fracasar el ataque, las fuerzas de Batista masacraron a 56 de los revolucionarios capturados. Fidel Castro y otros fueron arrestados seis días después; él y otros 31 recibieron condenas de hasta 15 años de cárcel. Una amplia campaña nacional de amnistía logró su excarcelación el 15 de mayo de 1955.

Moracén Limonta, Rafael (1939–) – General de brigada; agregado militar de la embajada cubana en Angola desde 2008. Cumplió misiones internacionalistas en Congo-Brazzaville en 1965–67, Siria en 1973, Angola en 1975–82. Asesor cubano al comandante de la guardia del presidente angolano Agostinho Neto. Se unió en 1958 al Tercer Frente del Ejército Rebelde bajo el mando del comandante Juan Almeida. Héroe de la República de Cuba.

MPLA (Movimiento Popular de Liberación Nacional de Angola) – Fundado en 1956 para librar lucha armada por la independencia de Angola contra Portugal. Desde 1962 fue dirigido por Agostinho Neto. Partido gobernante desde la independencia en 1975.

Neto, Agostinho (1922–1979) – Dirigente de la lucha contra el colonialismo portugués en Angola. Electo presidente del MPLA en su primera conferencia nacional en 1962; encarcelado y exiliado varias veces por sus actividades anticoloniales. Se reunió con Ernesto Che Guevara cuando este visitó países africanos en 1965, solicitó ayuda a Cuba para lucha anticolonial. Presidente de Angola desde 1975 hasta su muerte. Electo secretario general del MPLA en su primer congreso post-independencia en 1977.

Ochoa, Arnaldo (1940–1989) – Ex general de división, miembro del Comité Central del Partido Comunista 1965–89. Participó en misión internacionalista en Venezuela en los 60, dirigió misiones militares cubanas en Etiopía en los 70, Nicaragua en 1983–86, Angola en 1987–88. Mientras dirigía misión angolana, alegando objetivo de recaudar fondos para materiales militares, supervisó operaciones ilegales, dirigió contrabando de marfil, diamantes y otros artículos; y organizó a subordinados para trabajar con el cartel de Medellín y otros narcotraficantes, usando rutas aéreas y navieras cubanas. En junio-julio de 1989 Ochoa y otros tres altos oficiales de las Fuerzas Armadas Revolucionarias y del Ministerio del Interior fueron arrestados, enjuiciados, condenados y ejecutados por estos y otros actos relacionados. En ese juicio, otros 13 oficiales de las Fuerzas Armadas Revolucionarias y del Ministerio del Interior fueron declarados culpables y sentenciados a penas de hasta 30 años de cárcel.

Período Especial – En Cuba se refiere a las difíciles condiciones económicas durante los años 90 y la política aplicada para defender la revolución. Al caer los regímenes estalinistas de Europa oriental y la Unión Soviética, Cuba perdió el 85 por ciento de su comercio exterior. Las consecuencias se agravaron con la aceleración de la crisis mundial capitalista y la intensificación de la guerra económica de Washington. Ante la crisis económica más profunda desde 1959, el gobierno revolucionario adoptó medidas en 1993–94 para afrontar las condiciones que se empeoraban. Ya para 1996, gracias a los esfuerzos del pueblo trabajador, empezó una recuperación. No obstante, la producción agrícola e industrial se mantuvo muy por debajo de los niveles previos a 1990, causando severos desabastecimientos de alimentos y otras necesidades.

Playa Girón – El 17 de abril de 1961 unos 1 500 mercenarios cubanos organizados, financiados y desplegados por Washington invadieron Cuba por la Bahía de Cochinos en la costa sur. En menos de 72 horas de combate fueron derrotados por las milicias, fuerzas armadas y policía revolucionarias de Cuba. El 19 de abril fueron capturados los últimos invasores en Playa Girón.

Proceso de rectificación – Curso político implementado por la dirección revolucionaria en Cuba entre 1986 y 1991. Representó un alejamiento de copiar políticas económicas y políticas antiobreras y burocráticas que predominaban desde hace mucho en la Unión Soviética y Europa Oriental. Un aspecto del anterior retroceso político era la disminución del uso del trabajo voluntario, promovido desde el principio por la dirección cubana como medio proletario que le permitía al pueblo trabajador hacer sentir su peso mediante el trabajo social colectivo. Durante el proceso de rectificación, se restableció el trabajo voluntario como trayectoria popular de masas para resolver necesidades sociales como círculos infantiles, escuelas, clínicas y viviendas, y para contrarrestar el desarrollo de capas burocráticas privilegiadas. La profunda crisis del Período Especial a principios de los 90 puso fin a las brigadas y a los contingentes de trabajo voluntario en gran escala.

Resolución 435 del Consejo de Seguridad de la ONU – Adoptada en 1978; le planteaba a Sudáfrica que abandonara su control de África Sudoccidental (Namibia) y delineaba medidas encaminadas a elecciones supervisadas por la ONU para crear un gobierno independiente.

Revolución portuguesa – En abril de 1974 la dictadura en Portugal, en el poder desde fines de los años 20, fue derrocada en un golpe militar, desatando un ascenso obrero revolucionario. Un factor clave en la caída del régimen fue la creciente fuerza de las luchas de liberación contra el dominio colonial portugués en África. El ascenso revolucionario fue socavado por la dirección de los partidos Comunista y Socialista que colaboraron con los gobernantes capitalistas para consolidar un nuevo régimen burgués para principios de 1976.

Risquet Valdés Saldaña, Jorge (1930–) – Jefe de la misión civil cubana en Angola, 1975–79. A fines de 1965 y en 1966 estuvo al mando de la Columna 2 de combatientes internacionalistas cubanos enviados al Congo-Brazzaville para apoyar la Columna 1 encabezada por Che Guevara que ayudaba a fuerzas de liberación en el este del ex Congo belga. Allí organizó colaboración y ayuda cubana para el MPLA.

Roberto, Holden (1923–2007) – Co-fundador del primer movimiento independentista de Angola, 1956. Dirigente fundador del FNLA, 1962. Trabajó con la CIA y la dictadura proimperialista de Mobutu en Zaire.

Rodiles Planas, Samuel (1932–) – General de división, presidente de la Asociación de Combatientes de la Revolución Cubana. Jefe de la secretaría del ministro de las FAR. Desde 2012 presidente de la Comisión de Defensa de la Asamblea Nacional y del Instituto de Planificación Física. Cumplió misión en Angola en 1977, 1978 y como jefe de la misión en 1989–91. Último soldado cubano en abordar el último avión que regresó de Angola. Héroe de la República de Cuba. Se integró al Movimiento 26 de Julio en Guantánamo en 1955, combatiente del Segundo Frente Oriental desde marzo de 1958, ascendido a comandante en diciembre de 1958.

Savimbi, Jonas (1934–2002) – En 1960 se unió al movimiento angolano de independencia contra Portugal. En 1966 fundó la UNITA, siendo su dirigente central. En 1975 se alió con Sudáfrica y Washington para intentar derrocar al nuevo gobierno dirigido por el MPLA. Dirigió guerra civil contra el gobierno por más de 25 años. Muerto en combate con fuerzas del gobierno angolano.

Schueg Colás, Víctor (1936–1998) – General de brigada de las FAR. Encabezó el Ejército Central, 1987–88. Miembro suplente del Comité Central del Partido Comunista, 1980–86; miembro pleno,

1986–91. Cumplió misión internacionalista en el Congo como integrante de columna de Che Guevara, 1965. En Angola fue jefe del estado mayor de la misión militar cubana, 1975–76. Se incorporó al Ejército Rebelde en 1958 bajo el mando de Raúl Castro.

Sékou Touré, Ahmed (1922–1984) – Dirigente de la lucha independentista contra Francia en la hoy República de Guinea, cuya capital es Conakry. Presidente desde la independencia en 1958 hasta su muerte.

Sío Wong, Moisés (1938–2010) – General de brigada. Al momento de su muerte era presidente del Instituto Nacional de Reservas Estatales, siéndolo desde 1986, y presidente de la Asociación de Amistad Cubano-China. Cumplió misión en Angola como jefe de logística, 1976. Se incorporó al Ejército Rebelde en 1957 en la Columna 1 bajo el mando de Fidel Castro y la Columna 8 dirigida por Che Guevara. Jefe de la Séptima División de Infantería en Pinar del Río, al mando de Guevara, durante la invasión por Bahía de Cochinos. Miembro fundador del Partido Comunista de Cuba. Ayudante del ministro de las Fuerzas Armadas Revolucionarias 1965–72. Jefe de dirección de cuadros de las FAR 1982–85, encargado de ubicación y control de oficiales.

SWAPO (Organización Popular de África Sudoccidental) – Movimiento de liberación nacional formado en 1960 para luchar por la independencia de Namibia contra el dominio sudafricano. Combatió junto a fuerzas cubano-angolanas en el sur de Angola. Al frente del gobierno de Namibia desde la independencia en 1990.

UNITA (Unión Nacional para la Independencia Total de Angola) – Fundada en 1964 para luchar contra el régimen colonial portugués, dirigida por Jonas Savimbi. En 1975 se alió con el régimen sudafricano del apartheid y con Washington en un intento de derrocar al gobierno de la nueva nación independiente dirigida por el MPLA. Libró guerra contra el gobierno angolano durante 25 años. La UNITA firmó un cese al fuego en marzo de 2002, un mes después de que Savimbi muriera en combate contra fuerzas del gobierno.

Valdés, Ramiro (1932–) – Miembro del Comité Central del Partido Comunista desde 1965, del Buró Político, 1965–86, y de 2008 hasta la fecha. Vicepresidente de los Consejos de Estado y de Ministros desde 2010. Ministro del interior, 1961–68, 1979–85. Uno de tres combatientes de la Sierra que ostentan el grado de Comandante de la Revolución. Camionero y carpintero, participó en el asalto al Moncada en 1953; condenado a 10 años de prisión. Liberado en mayo de 1955 tras campaña de amnistía. Expedicionario del *Granma*. Comandante de la Columna 4 del Ejército Rebelde en la Sierra Maestra. Segundo al mando de la Columna 8 bajo Che Guevara en la invasión de Las Villas.

Van Heerden, Neil (1939–) – Director general del ministerio del exterior del régimen sudafricano del apartheid en los 80. Participó en negociaciones con Cuba y Angola por el fin de la guerra.

Zayas, Luis Alfonso (1936–) – General de brigada, responsable administrativo de Asociación de Combatientes de la Revolución Cubana. Cumplió tres misiones en Angola: 1975–76, 1977–78 y 1985–87. Se incorporó al Movimiento 26 de Julio en 1956; realizó actos de sabotaje en preparación del desembarco del *Granma*. Miembro del primer refuerzo al Ejército Rebelde, marzo de 1957, combatió bajo el mando de Ernesto Che Guevara en la Columna 8. En 1959 estuvo a cargo de la prisión de La Cabaña, donde los asesinos de la dictadura fueron juzgados por tribunales revolucionarios. Miembro del Comité Central del Partido Comunista, 1956–86. Segundo al mando del Ejército Juvenil del trabajo, unidades de las fuerzas armadas dedicadas principalmente al trabajo agrícola.

"Cuando se juzgue a nuestra revolución, una de las cuestiones por las cuales nos juzgarán será la forma en que hayamos resuelto los problemas de la mujer".

FIDEL CASTRO, 1974

Cuando el pueblo trabajador luchaba en los años 50 para derrocar a una sangrienta tiranía en Cuba, la integración inaudita de la mujer a las filas y a la dirección de estas batallas no fue una aberración. Fue parte íntegra de la trayectoria proletaria de la dirección de la Revolución Cubana desde el principio.

Las mujeres en Cuba: Haciendo una revolución dentro de la revolución es la historia de esa revolución y cómo transformó a las mujeres y a los hombres que la hicieron.

El libro fue presentado en la Feria del Libro de La Habana de 2012 por un panel de oradoras de Cuba y de Estados Unidos.

Mujeres y revolución: El ejemplo vivo de la Revolución Cubana contiene las presentaciones de ese evento. El ejemplo ofrecido por los hombres y las mujeres que hicieron la Revolución Cubana, dice Mary-Alice Waters, "es un arma indispensable en las tumultuosas batallas de clases cuyas escaramuzas iniciales ya estamos viviendo". Ambos títulos también se publican en inglés.

Las mujeres en Cuba: Haciendo una revolución dentro de la revolución

Vilma Espín
Asela de los Santos
Yolanda Ferrer
US$20

Mujeres y revolución: El ejemplo vivo de la Revolución Cubana

Asela de los Santos
Mary-Alice Waters
US$7

LA LUCHA POR LA EMANCIPACIÓN DE LA MUJER

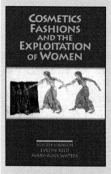

Los cosméticos, las modas y la explotación de la mujer

Joseph Hansen, Evelyn Reed
Introducción de Mary-Alice Waters
Cómo los capitalistas se valen de la condición de segunda clase y las inseguridades sociales de la mujer para comercializar los cosméticos y acumular ganancias. En la introducción, Waters explica cómo el ingreso de millones de mujeres a la fuerza laboral durante y después de la Segunda Guerra Mundial cambió de forma irreversible la sociedad norteamericana y sentó las bases para un ascenso renovado de las luchas por la emancipación de la mujer. En inglés. US$15

El aborto: Derecho fundamental de la mujer

Pat Grogan y otros
Por qué el derecho al aborto es esencial no solo para la lucha por la emancipación plena de la mujer sino para forjar un movimiento obrero unido y combativo. US$6. También en inglés.

El origen de la familia, la propiedad privada y el estado

Federico Engels
Explica cómo el surgimiento de la sociedad de clases dio origen a los organismos estatales y estructuras familiares represivos, los cuales protegen la propiedad de las clases dominantes, permitiéndoles preservar su riqueza y sus privilegios. Examina las consecuencias de estas instituciones de clase para el pueblo trabajador: desde sus formas iniciales hasta las modernas. En inglés. US$18

Marianas en combate

TETÉ PUEBLA Y EL PELOTÓN FEMENINO MARIANA GRAJALES EN LA GUERRA REVOLUCIONARIA CUBANA, 1956–58
La general de brigada Teté Puebla, la mujer de más alto rango en las Fuerzas Armadas Revolucionarias de Cuba, se integró a los 15 años a la lucha para derrocar a la dictadura de Batista. Esta es su historia: desde la clandestinidad urbana, hasta su papel de oficial en el primer pelotón femenino del Ejército Rebelde. Por cinco décadas, la lucha por transformar la condición social y económica de la mujer en Cuba ha sido inseparable de la revolución socialista. US$14. También en inglés.

Nueva Internacional

UNA REVISTA DE POLÍTICA Y TEORÍA MARXISTAS

<u>No. 7</u>
•**Nuestra política empieza con el mundo** por Jack Barnes •**La agricultura, la ciencia y las clases trabajadoras** por Steve Clark •**El capitalismo, el trabajo y la transformación de la naturaleza: un intercambio** por Richard Levins, Steve Clark US$14

<u>No. 2</u>
•**La política de la economía: Che Guevara y la continuidad marxista** por Steve Clark y Jack Barnes
•**Sobre la contribución del Che al desarrollo de la economía cubana** por Carlos Rafael Rodríguez
•**Sobre la concepción del valor** y **La planificación socialista, su significado,** dos artículos por Ernesto Che Guevara US$14

<u>No. 5</u>
•**El imperialismo norteamericano ha perdido la Guerra Fría** por Jack Barnes •**La estrategia comunista para la construcción del partido hoy** por Mary-Alice Waters •**El socialismo: una opción viable** por José Ramón Balaguer •**Manifiesto de la Juventud Socialista** •**Nuestra época es la de la revolución mundial** por Jack Barnes, Mary-Alice Waters US$15

<u>No. 3</u>
•**El ascenso y el ocaso de la revolución nicaragüense** •**La guerra contrarrevolucionaria de Washington y la tarea de forjar una dirección proletaria** •**La degeneración política del FSLN y el fin del gobierno obrero y campesino** Documentos del Partido Socialista de los Trabajadores US$16

de Pathfinder

MALCOLM X, LA LIBERACIÓN DE LOS NEGROS Y EL CAMINO AL PODER OBRERO

Jack Barnes

"No empecemos con los negros como nacionalidad oprimida. Empecemos con el papel de vanguardia de los trabajadores que son negros en las amplias luchas sociales y políticas de la clase trabajadora en Estados Unidos. El historial es asombroso. Es la fuerza y capacidad de resistencia, no la opresión, lo que nos deja pasmados".

—Jack Barnes

Este libro, al sacar lecciones de un siglo y medio de luchas, nos ayuda a comprender por qué la conquista revolucionaria del poder por la clase trabajadora hará posible la batalla final por la libertad de los negros, y abrirá paso a un mundo basado, no en la explotación, la violencia y el racismo, sino en la solidaridad humana. Un mundo socialista. US$20. También en inglés y francés.

Tomo complementario
EL ROSTRO CAMBIANTE DE LA POLÍTICA EN ESTADOS UNIDOS
La política obrera y los sindicatos
Jack Barnes

Sobre la construcción del tipo de partido que los trabajadores necesitan a fin de prepararse para las batallas de clases venideras, en las cuales se revolucionarán a sí mismos y revolucionarán sus sindicatos y toda la sociedad. Una guía para quienes buscan el camino hacia la acción eficaz para derrocar el sistema explotador capitalista y unirse a la lucha para reconstruir el mundo sobre nuevas bases socialistas. US$24. También en inglés, francés y sueco.

LA CLASE TRABAJADORA Y LA TRANSFORMACIÓN DE LA EDUCACIÓN
El fraude de la reforma educativa bajo el capitalismo
Jack Barnes

"Hasta que se reorganice la sociedad para que la educación sea una actividad humana desde que somos muy jóvenes hasta que morimos, no habrá educación digna de la humanidad creadora y trabajadora". US$3. También en inglés, francés, islandés, sueco, persa y griego.

Misión internacionalista

¡Qué lejos hemos llegado los esclavos!
Sudáfrica y Cuba en el mundo de hoy
NELSON MANDELA, FIDEL CASTRO

Hablando juntos en Cuba en 1991, Mandela y Castro abordan el papel en la historia de África de la victoria de los combatientes cubanos, angolanos y namibios frente a la invasión del ejército sudafricano apoyado por Washington, y la aceleración consiguiente de la lucha por tumbar al sistema racista del apartheid. Los internacionalistas voluntarios cubanos, dijo Mandela, hicieron "una contribución a la independencia, la libertad y la justicia en África que no tiene paralelo". US$10. También en inglés.

En defensa del socialismo
Cuatro discursos en el 30 aniversario de la Revolución Cubana, 1988–89
FIDEL CASTRO

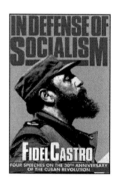

Describe el papel decisivo que ocuparon los combatientes voluntarios cubanos en la última etapa de la guerra en Angola contra las fuerzas invasoras del régimen del apartheid sudafricano. El progreso económico y social, dice el dirigente cubano, no solo es posible sin la competencia a muerte del capitalismo, sino que el socialismo es el único camino para la humanidad. En inglés. US$15

Nuestra historia aún se está escribiendo
La historia de tres generales cubano-chinos en la Revolución Cubana
ARMANDO CHOY, GUSTAVO CHUI Y MOISÉS SÍO WONG

Tres generales de las Fuerzas Armadas Revolucionarias de Cuba hablan sobre el papel histórico de la inmigración china a Cuba, y sobre más de cinco décadas de acción revolucionaria e internacionalista, desde Cuba hasta Angola y hoy Venezuela. A través de sus historias vemos las fuerzas sociales y políticas que dieron origen a la nación cubana y abrieron la puerta a la revolución socialista en América. US$20. También en inglés y chino.

Soldado de la Revolución Cubana
De los cañaverales de Oriente a general
de las Fuerzas Armadas Revolucionarias
LUIS ALFONSO ZAYAS

El autor narra sus experiencias en cinco décadas de revolución: desde sus años como combatiente adolescente en la lucha clandestina y la guerra en 1956–58 que tumbó a la dictadura apoyada por Washington, hasta las tres misiones en que fue un dirigente de las fuerzas voluntarias cubanas que ayudaron a Angola a derrotar al ejército de la Sudáfrica supremacista blanca, Zayas relata cómo hombres y mujeres sencillos en Cuba transformaron el curso de la historia y así se transformaron ellos mismos. US$18. También en inglés.

de Cuba en Angola

Los Cinco Cubanos
Quiénes son, por qué les fabricaron un caso, por qué deben ser liberados
MARTÍN KOPPEL Y MARY-ALICE WATERS

Cinco revolucionarios cubanos, acusados bajo cargos amañados de formar parte de una "red cubana de espionaje" en Florida, han estado presos en Estados Unidos desde 1998. Gerardo Hernández, Ramón Labañino, Antonio Guerrero, Fernando González y René González —tres de los cuales participaron en la misión internacionalista cubana en Angola— estaban monitoreando los planes de grupos derechistas, con un largo historial de ataques armados contra Cuba desde territorio estadounidense. Artículos publicados en el *Militante* sobre la verdad del caso amañado y la lucha internacional por la libertad de los cinco. US$5. Segunda edición. También en inglés.

La política exterior internacionalista de Cuba
FIDEL CASTRO

La política exterior de Cuba, dice Fidel Castro, comienza con "la subordinación de las posiciones cubanas a las necesidades internacionales de la lucha por el socialismo y la liberación nacional". Discursos de los años 1975–80 sobre la solidaridad con Angola, Vietnam, las revoluciones en Nicaragua y Granada, y más. En inglés. US$23

De la sierra del Escambray al Congo
En la vorágine de la Revolución Cubana
VÍCTOR DREKE

Protagonista dirigente del movimiento revolucionario cubano por más de medio siglo, Dreke describe sus experiencias como segundo al mando en la misión internacionalista en el Congo dirigida por Che Guevara. También relata su participación en la guerra revolucionaria en 1956–58 que tumbó a la dictadura de Batista apoyada por Washington, así como su papel de comandante de batallones voluntarios que derrotaron a bandas derechistas tras la victoria revolucionaria. Describe el júbilo creativo con el cual el pueblo cubano, a través de batallas en su país y en otros, ha defendido su curso revolucionario. US$17. También en inglés.

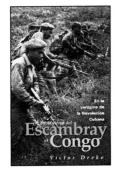

Haciendo historia
Entrevistas a cuatro generales de las Fuerzas Armadas Revolucionarias de Cuba
ENRIQUE CARRERAS, NÉSTOR LÓPEZ CUBA, JOSÉ RAMÓN FERNÁNDEZ, HARRY VILLEGAS

A través de las historias de estos destacados generales cubanos, vemos la dinámica de clases que ha definido toda nuestra época. Podemos comprender cómo el pueblo de Cuba, al luchar por la construcción de una nueva sociedad, ha mantenido a raya a Washington por más de 50 años. Prefacio de Juan Almeida. US$17. También en inglés.

Estos libros son parte de la serie de 26 títulos, "La Revolución Cubana en la política mundial", editados y con introducciones por Mary-Alice Waters.

PATHFINDER

¿Es posible una revolución socialista en Estados Unidos?
Un debate necesario
MARY-ALICE WATERS

En dos charlas, presentadas en el marco de un amplio debate en la Feria Internacional del Libro de Venezuela en 2007 y 2008, Waters explica por qué una revolución socialista es posible en Estados Unidos. Explica por qué las luchas revolucionarias del pueblo trabajador son inevitables: nos serán impuestas por los ataques de la clase patronal, impulsada por sus crisis. A medida que crece la solidaridad entre una vanguardia combativa del pueblo trabajador, se divisan ya los contornos de batallas de clases por venir. US$7. También en inglés, francés y sueco.

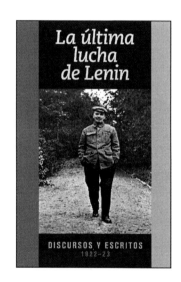

La última lucha de Lenin
Discursos y escritos, 1922–23
V.I. LENIN

En 1922 y 1923, V.I. Lenin, dirigente central de la primera revolución socialista en el mundo, libró lo que sería su última batalla política. Lo que estaba en juego era si esa revolución, y el movimiento internacional que dirigía, seguirían por el curso proletario que llevó al poder a los trabajadores y campesinos del antiguo imperio zarista en octubre de 1917. Lectura indispensable para entender cómo surgió la casta privilegiada dirigida por Stalin y las consecuencias para la lucha de clases en el siglo 20 y en el siglo 21. US$20. También en inglés.

Historia de la Revolución Rusa
LEÓN TROTSKY

Un relato de la dinámica social, económica y política de la primera revolución socialista, narrado por uno de sus dirigentes centrales. Trotsky describe cómo, bajo el liderazgo de Lenin, el Partido Bolchevique dirigió el derrocamiento del régimen monárquico de latifundistas y capitalistas y llevó al poder a un gobierno de trabajadores y campesinos. Edición completa en inglés, 3 tomos en uno. US$38. También en ruso.

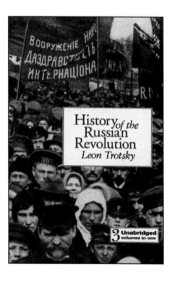

Nueva Internacional

UNA REVISTA DE POLÍTICA Y TEORÍA MARXISTAS

HA COMENZADO EL INVIERNO LARGO Y CALIENTE DEL CAPITALISMO

JACK BARNES

La actual crisis capitalista global que se acelera —inicio de lo que serán décadas de convulsiones económicas, financieras y sociales y batallas de clases— acompaña la continuación de un cambio trascedental en la política y organización militar de Washington. Los trabajadores con disposición de lucha debemos encarar esta coyuntura histórica del imperialismo, derivando satisfacción de "meternos en su cara" al trazar un curso revolucionario para afrontarla. En el no. 6. US$16

LA DEFENSA DE CUBA, LA DEFENSA DE LA REVOLUCIÓN SOCIALISTA CUBANA

MARY-ALICE WATERS

En los años 90, ante las mayores dificultades económicas en la historia de la Revolución Cubana, los trabajadores y campesinos defendieron su poder político, su independencia y soberanía y el curso histórico que emprendieron en 1959. Waters aborda los debates en Cuba sobre el trabajo voluntario, impuestos a los salarios, cooperativas agrícolas y mucho más. En el no. 4. US$17. También en inglés, francés, persa, griego, islandés y sueco.

Rebelión Teamster

FARRELL DOBBS

Sobre las huelgas de 1934 que forjaron al movimiento sindical industrial en Minneapolis y ayudaron a allanar el camino para el ascenso del Congreso de Organizaciones Industriales (CIO). Relatado por un dirigente central de esas batallas. El primero de una serie de cuatro tomos sobre el liderazgo de lucha de clases de las huelgas y las campañas de sindicalización que transformaron al sindicato Teamsters en gran parte del Medio Oeste norteamericano en un movimiento social combativo y que señalaron el camino hacia la acción política independiente del movimiento obrero. US$19. También en inglés, francés y sueco.

Cuba y la revolución norteamericana que viene

JACK BARNES

La Revolución Cubana de 1959 tuvo un impacto a nivel mundial, incluso entre los trabajadores y los jóvenes en el corazón del imperialismo. A medida que en Estados Unidos avanzaba la lucha de masas por los derechos de los negros, la transformación social por la cual combatieron y que ganaron las masas trabajadoras cubanas brindó un ejemplo: de que la revolución socialista no solo es necesaria, se puede hacer y defender. Con prólogo de Mary-Alice Waters. US$10. También en inglés y francés.

Habla Malcolm X

Discursos del último año de la vida de Malcolm X, mediante los cuales el lector puede seguir la evolución de sus perspectivas sobre el racismo, el capitalismo, el socialismo, la acción política, la intervención imperialista en el Congo y Vietnam, por qué dejó de utilizar la descripción "nacionalismo negro" y más. US$19

También de Pathfinder

El Manifiesto Comunista
CARLOS MARX, FEDERICO ENGELS

El documento de fundación del movimiento obrero revolucionario moderno, publicado en 1848. Explica por qué el comunismo no es un conjunto de principios preconcebidos sino la línea de marcha de la clase trabajadora hacia el poder, una marcha que emana de "las condiciones reales de una lucha de clases existente, de un movimiento histórico que se está desarrollando ante nuestros ojos". US$5. También en inglés, francés y árabe.

Del socialismo utópico al socialismo científico
FEDERICO ENGELS

Convertir a los hombres y mujeres en "dueños por fin de su propia existencia social... en dueños de la naturaleza, en dueños de sí mismos, en hombres libres, escribe Engels, "es la misión histórica del proletariado moderno". Aquí se coloca al socialismo sobre una base científica, producto de las operaciones reglamentadas del propio capitalismo y de las luchas de la clase trabajadora. En inglés. US$12

Continuidad revolucionaria
Liderazgo marxista en Estados Unidos
FARRELL DOBBS

Cómo generaciones sucesivas de luchadores proletarios participaron en las luchas del movimiento obrero estadounidense para forjar una dirección que pudiera impulsar los intereses de clase de los trabajadores y pequeños agricultores a nivel mundial. Dos tomos en inglés:

Los primeros años, 1848–1917. US$20
El nacimiento del movimiento comunista, 1918–1922. US$19

Somos herederos de las revoluciones del mundo
Discursos de la revolución de Burkina Faso, 1983–87
THOMAS SANKARA

Bajo el liderazgo de Sankara, el gobierno revolucionario de Burkina Faso en África Occidental brindó un ejemplo electrizante. Los campesinos, trabajadores, mujeres y jóvenes se movilizaron para realizar campañas de alfabetización y vacunación; cavar pozos de agua, plantar árboles, construir represas y viviendas; combatir la opresión de la mujer y transformar las relaciones sociales explotadoras en la tierra; librarse del yugo imperialista y solidarizarse con otros que se dedicaban a esa lucha a nivel internacional. US$10. También en inglés y francés.

La victoria estratégica
Por todos los caminos de la Sierra

FIDEL CASTRO

El relato de primera mano de Fidel Castro sobre 74 días de batalla en el verano de 1958, cuando 300 combatientes revolucionarios —con el apoyo de trabajadores y agricultores por toda Cuba— derrotaron la "ofensiva para arrinconar y aniquilar" de 10 mil tropas de la dictadura de Batista. Incluye mapas, fotos, documentos históricos, glosario ilustrado de armamentos. 855 páginas. US$35

Por todos los caminos de la Sierra
LA VICTORIA ESTRATÉGICA
Fidel Castro Ruz

La contraofensiva estratégica
De la Sierra Maestra a Santiago de Cuba

FIDEL CASTRO

Crónica diaria de Fidel Castro de los últimos meses de la guerra revolucionaria a finales de 1958. Relata cómo combatientes obreros y campesinos, después de derrotar a un ejército 30 veces más grande que el suyo, lanzaron una contraofensiva de 147 días para extender la lucha revolucionaria por toda Cuba, y tomaron el poder el 1 de enero de 1959. Incluye comunicados, cartas, mapas y fotos. 593 páginas. Publicados por el Consejo de Estado de Cuba. US$25. US$50 por los dos tomos.

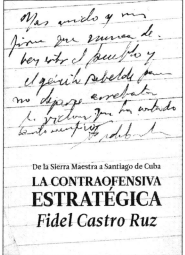

De la Sierra Maestra a Santiago de Cuba
LA CONTRAOFENSIVA ESTRATÉGICA
Fidel Castro Ruz

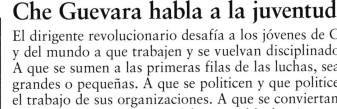

Che Guevara habla a la juventud

El dirigente revolucionario desafía a los jóvenes de Cuba y del mundo a que trabajen y se vuelvan disciplinados. A que se sumen a las primeras filas de las luchas, sean grandes o pequeñas. A que se politicen y que politicen el trabajo de sus organizaciones. A que se conviertan en un tipo de ser humano diferente, al luchar junto a trabajadores en todas partes para transformar el mundo. Ocho charlas entre 1959 y 1964. US$15. También en inglés.

El capitalismo y la transformación de África

MARY-ALICE WATERS, MARTÍN KOPPEL

Un recuento de la transformación de las relaciones de clases en este país de África Central a medida que se integra más profundamente al mercado mundial, y al nacer tanto una clase capitalista como un proletariado moderno. El ejemplo de la revolución socialista cubana cobra vida aquí en la colaboración de brigadas de voluntarios médicos cubanos en ese país. Se divisan los perfiles entretejidos de un futuro por el cual luchar hoy, un futuro en el que los trabajadores y agricultores de África tendrán mayor peso que nunca en la política mundial. US$10. También en inglés.

Wall Street enjuicia al socialismo

JAMES P. CANNON

Las ideas básicas del socialismo, explicadas en el testimonio durante el juicio de 1941 contra 18 dirigentes del sindicato de los Teamsters en Minneapolis y del Partido Socialista de los Trabajadores, a quienes les fabricaron cargos y encarcelaron bajo la notoria Ley Smith "de la mordaza", cuando los gobernantes norteamericanas se aprestaban a intervenir en la Segunda Guerra Mundial. US$16. También en inglés.

PATHFINDER EN EL MUNDO

Visite nuestro sitio web para una lista completa de títulos
y hacer pedidos

www.pathfinderpress.com

DISTRIBUIDORES DE PATHFINDER

ESTADOS UNIDOS
(y América Latina, el Caribe y el este de Asia)
Libros Pathfinder, 306 W. 37th St., 10° piso,
Nueva York, NY 10018

CANADÁ
Libros Pathfinder, 7107 St. Denis, suite 204,
Montreal, QC, H2S 2S5

REINO UNIDO
(y Europa, África, Oriente Medio y el sur de Asia)
Libros Pathfinder, primer piso, 120 Bethnal Green Road
(entrada en Brick Lane), Londres E2 6DG

AUSTRALIA
(y el sureste de Asia y Oceanía)
Pathfinder, 1er nivel, 3/281-287 Beamish St., Campsie, NSW 2194
Dirección Postal: P.O. Box 164, Campsie, NSW 2194

NUEVA ZELANDA
Pathfinder, 4/125 Grafton Road, Grafton, Auckland
Dirección Postal: P.O. Box 3025, Auckland 1140